# Leituras freireanas sobre educação

FUNDAÇÃO EDITORA DA UNESP

*Presidente do Conselho Curador*
Mário Sérgio Vasconcelos

*Diretor-Presidente*
José Castilho Marques Neto

*Editor-Executivo*
Jézio Hernani Bomfim Gutierre

*Conselho Editorial Acadêmico*
Alberto Tsuyoshi Ikeda
Áureo Busetto
Célia Aparecida Ferreira Tolentino
Eda Maria Góes
Elisabete Maniglia
Elisabeth Criscuolo Urbinati
Ildeberto Muniz de Almeida
Maria de Lourdes Ortiz Gandini Baldan
Nilson Ghirardello
Vicente Pleitez

*Editores-Assistentes*
Anderson Nobara
Fabiana Mioto
Jorge Pereira Filho

Ivanilde Apoluceno de Oliveira

# Leituras freireanas sobre educação

Série Paulo Freire
Direção
Ana Maria Araújo Freire

© 2003 Editora Unesp

Direitos de publicação reservados à:
Fundação Editora da Unesp (FEU)
Praça da Sé, 108
01001-900 – São Paulo – SP
Tel.: (0xx11) 3242-7171
Fax: (0xx11) 3242-7172
www.editoraunesp.com.br
www.livrariaunesp.com.br
feu@editora.unesp.br

Dados Internacionais de Catalogação na Publicação (CIP)
(Câmara Brasileira do Livro, SP, Brasil)

Oliveira, Ivanilde Apoluceno de
  Leituras freireanas sobre educação / Ivanilde Apoluceno de Oliveira. – São Paulo: Editora Unesp, 2003. – (Série Paulo Freire / direção Ana Maria Araújo Freire)

  Bibliografia.
  ISBN 85-7139-485-7

  1. Educação – Brasil 2. Freire, Paulo, 1921-1997 3. Pedagogia – Brasil I. Freire, Ana Maria Araújo. II. Título. III. Série.

03-4394                                         CDD-370.1

Índice para catálogo sistemático:
1. Freire, Paulo: Pedagogia: Educação   370.1

Editora afiliada:

*Em memória de Paulo Freire, por sua vida ética, política e amorosamente compromissada com a educação crítica e libertadora.*

*Para a educadora e amiga Ana Maria Freire, pelo incentivo e colaboração na elaboração e publicação destas* Leituras freireanas sobre educação.

*Ao mestre Alípio Casali, pela presença amiga na criação das histórias pedagógicas.*

*Aos atores das experiências educativas e aos personagens das histórias pedagógicas, instrumentos que tornaram possível a reflexão sobre o saber fazer pedagógico freireano na escola.*

# Sumário

Prefácio  9

Apresentação  13

1 A pedagogia de Paulo Freire  17

Aprendendo com a própria história de vida  17

Paulo Freire: cristão ou marxista?  31

A ética na pedagogia de Paulo Freire  43

Um olhar freireano sobre a problemática da
exclusão social de pessoas com necessidades especiais  49

Novas ou velhas questões na educação popular?  62

2 Práticas pedagógicas  71

Reflexões sobre uma experiência educativa popular freireana  71

Formação docente construída em um fazer pedagógico
"coletivo-dialógico"  73

A interação entre os saberes na prática educativa da escola  86

Ivanilde Apoluceno de Oliveira

A educação de adultos e o desenvolvimento escolar da criança: uma ação integrada de pesquisa  97

## 3 Histórias pedagógicas para reflexão  107

A história de Antônio, um menino de rua  107

Inês, uma amiga especial  108

A descoberta de Marcos  109

Alunos/as "diamante", "ouro", "prata" e "latão"  111

A "Canção para o menino burro"  112

José, um aluno trabalhador  113

## Considerações finais  115

## Referências bibliográficas  117

# Prefácio

Homem profundamente engajado nos problemas de seu tempo, o educador Paulo Reglus Neves Freire (1921-1997) fincou marcas indeléveis na história da educação e da cultura brasileiras da segunda metade do século XX. Como se sabe, esse educador recifense participou ativamente da vida educacional, cultural e política da cidade e do Estado onde nasceu e, posteriormente, do país, mas nunca se calou na defesa de suas convicções, nem mesmo quando se exilou, em razão da dura repressão que sofreu por parte do governo militar instalado em março de 1964. Continuou atuando em favor da educação popular nos países em que morou e iniciou a produção e publicação de um significativo conjunto de escritos, atividade que continuou a desenvolver, integradamente a várias outras e de maneira intensa e fecunda, até seu falecimento, tendo deixado um inestimável e vívido legado a nós, educadores e educadoras, que atuamos neste século XXI, assim como às próximas gerações.

Dentre os tantos e importantíssimos aspectos do legado de Paulo Freire, destaco seu método de alfabetização de adultos, que pode ser considerado matriz e síntese do pensamento educacional, cultural e político desse educador. Diferentemente do praticado no ensino escolar tradicional, o "método Paulo Freire" que passou a ser utilizado e divulgado em nível nacional, especialmente a partir do início dos anos de 1960, centrava-se no diálogo entre "coordenador de debates" e "participantes do círculo de cultura", todos na condição simultânea de educadores e educandos; esse diálogo deveria ocorrer a partir de "palavras geradoras", selecionadas do "universo vocabular" dos participantes, a fim de propiciar debates sobre suas condições de vida e desenvolvimento de um processo de conscientização, caracterizando-se, assim, uma prática educativa libertadora.

Trata-se, portanto, menos de um método de ensinar do que de um método de aprender e conhecer, relacionado com uma pedagogia centrada em uma concepção de educação popular, a qual, por sua vez, assenta-se em uma concepção de alfabetização não restrita à aquisição do código escrito, mas abrangendo, sobretudo, a "leitura do mundo" e, em decorrência, a conscientização das possibilidades de construção da cidadania e de transformação da realidade política, social e cultural brasileira. Nos escritos posteriores, Paulo Freire vai ampliando as reflexões iniciais, em favor da formulação de uma teoria do conhecimento que se apresenta como um novo paradigma para se pensar e se praticar a educação (popular), compreendida em seu caráter dialético e libertador, no âmbito de um projeto de sociedade, e envolvendo também outras possibilidades históricas, como a atuação em espaços escolares institucionais.

Ao longo das últimas décadas, a pedagogia freireana influenciou, decisivamente e com diferentes resultados, gerações de educadores e pesquisadores deste e de outros países, e, sobretudo, beneficiou um sem-número de analfabetos que puderam, no âmbito seja dos movimentos sociais seja de outros espaços educativos, conquistar o direito de ler e escrever, o direito de serem sujeitos do conhecimento, da história e da cultura, o direito de participarem da luta contra as desigualdades sociais.

Merecidamente, Paulo Freire recebeu diversas homenagens, prêmios e títulos, e variados aspectos de sua vida, obra e atuação foram e continuam sendo abordados em inúmeros livros e textos acadêmicos produzidos tanto no Brasil quanto em países latino-americanos, norte-americanos e europeus. A esses vem, oportunamente, juntar-se este *Leituras freireanas sobre educação*, de Ivanilde Apoluceno de Oliveira, o qual integra a "Série Paulo Freire", dirigida por Ana Maria Araújo Freire.

A pré-história deste livro situa-se no encontro de Ivanilde Apoluceno de Oliveira com a obra de Paulo Freire, em 1982. Desse encontro – "paixão à primeira vista" – iniciou-se um diálogo silencioso e fecundo entre a leitora e o autor, propiciando àquela construir sua formação docente, modificar sua prática pedagógica e iniciar sua produção escrita sobre educação. E é também em decorrência desse diálogo que a leitora apaixonada se mostra, neste livro, como autora, que partilha com seu leitor os frutos daquele primeiro encontro.

Utilizando-se de diferentes tipos de discurso, produzidos em diferentes momentos e resultantes de diferentes formas de diálogo com os escritos do educador, a autora apresenta, de forma objetiva, um texto organizado em três partes, contendo, respectivamente: aspectos da vida, obra e atuação de Paulo Freire, com ênfase nos pressupostos teóricos e temas centrais de sua pedagogia, como o humanismo, a libertação dos oprimidos, a conscientização, a práxis, a ética, o sujeito, a exclusão social e a educação popular; possibilidades de utilização da pedagogia freireana e, em particular, de seu método de alfabetização, em uma situação de "educação popular escolar", envolvendo crianças e adultos de um bairro da periferia da cidade de Belém do Pará; e "histórias pedagógicas" escritas a partir do contato com crianças discriminadas na sociedade e na escola, do relato de professoras e da reflexão sobre estudos que evidenciam esse processo discriminatório.

A despeito das diferenças, no entanto, a unidade de sentido do texto se assenta justamente num dos princípios centrais defendidos e vivenciados por Paulo Freire: a busca de coerência entre teoria e prática (pedagógicas), a partir do pressuposto da relação dialética entre reflexão e ação.

Como tributo ao mestre e fiel a seu legado, juntamente com o considerável conjunto de textos sobre a vida, obra e atuação desse educador brasileiro, *Leituras freireanas sobre educação*

Ivanilde Apoluceno de Oliveira

vem contribuir para reafirmar a atualidade da pedagogia de Paulo Freire e a necessidade ética e política de, engajados nos problemas de nosso tempo, trabalharmos pela realização do sonho de uma educação democrática e solidária com os marginalizados e excluídos da participação social.

*Maria do Rosário Longo Mortatti*
*Agosto de 2003*

# Apresentação

O meu encontro com Paulo Freire se deu em 1982, quando iniciei a leitura de suas obras educacionais. Posso dizer que foi paixão à primeira vista, e a cada leitura realizada compartilhava com Freire suas ideias, angústias e sonhos em relação à educação. Nesse diálogo silencioso entre a leitora e o autor e refletindo sobre a minha prática pedagógica, fui construindo a minha formação docente. Em razão das leituras freireanas, modifiquei minha prática pedagógica, participei de projetos de educação popular com crianças e adultos e iniciei a produção escrita de trabalhos sobre educação.

Essas minhas leituras freireanas sobre educação realizadas a partir do encontro com Paulo Freire, em 1982, foram então sistematizadas em três capítulos.

Nas primeiras leituras, "A pedagogia de Paulo Freire", elaboro um trabalho de reflexão sobre os pressupostos teóricos freireanos de educação, partindo de algumas questões problematizadas durante o meu fazer pedagógico e das leituras de seus livros e entrevistas.

Nas "Práticas pedagógicas", busco refletir sobre as experiências de pesquisa e educativas, envolvendo a educação infantil e a educação de adultos, nas quais Paulo Freire constitui o referencial dessas práxis pedagógicas.

Já as "Histórias pedagógicas para reflexão" foram escritas a partir do contato pessoal com Antônio e Inês, cujas experiências de vida me emocionaram e sensibilizaram para a problemática da exclusão e da discriminação educacional por diferenças de classe e de capacidades. Foram escritas, ainda, a partir de leituras sobre educação e do relato de professoras, entre as quais a de Maria Cecília Ferreira, que evidenciam existirem nas escolas práticas pedagógicas excludentes.

As *Leituras freireanas sobre educação* mostram, sobretudo, que o pensamento educacional de Paulo Freire permanece vivo entre educadores, em seus discursos e práticas cotidianas escolares.

Nunca falo da utopia como uma impossibilidade que, às vezes, pode dar certo. Menos ainda, jamais falo da utopia como refúgio dos que não atuam ou [como] inalcançável pronúncia de quem apenas devaneia. Falo da utopia, pelo contrário, como necessidade fundamental do ser humano. Faz parte de sua natureza, histórica e socialmente constituindo-se, que homens e mulheres não prescindam, em condições normais, do sonho e da utopia. As ideologias fatalistas são, por isso mesmo, negadoras das gentes, das mulheres e dos homens.

(Paulo Freire, 2001, p.85)

# 1
# A pedagogia de Paulo Freire

## Aprendendo com a própria história de vida[1]

> Uma das marcas mais visíveis de minha trajetória
> profissional é o empenho a que me entrego de
> procurar sempre a unidade entre a prática e a teoria.
> É neste sentido que meus livros, bem ou mal, são
> relatórios teóricos de quefazeres com que me envolvi
> ... Vim me tornando desta forma no corpo das tramas,
> na reflexão sobre a ação, na observação atenta a outras
> práticas ou à prática de outros sujeitos, na leitura
> persistente, crítica, de textos teóricos, não importa se
> com eles estava de acordo ou não.
> (Paulo Freire, 1993c, p.87-8)

Partindo da história de vida de Paulo Freire, de como esse aprendizado existencial contribuiu para a formação de seu pensa-

---

1 Reprodução parcial e atualizada da monografia *A prática docente de 3º grau na perspectiva da educação libertadora: possibilidades e limites*, produzida pela autora, em fevereiro de 1988.

## História de vida

Paulo Reglus Neves Freire nasceu em 19 de setembro de 1921 em Recife (Pernambuco) e a formação do seu pensamento educacional tem origem desde a sua infância. A sua história de vida constituiu um aprendizado permanente, contribuindo para a sua forma de olhar o mundo e conceber a educação. Freire considera importante a formação que recebeu dos pais para a sua concepção de mundo e de educação, pois a sua alfabetização foi feita por eles partindo da sua experiência, de suas palavras de mundo, no chão do quintal à sombra das mangueiras. Esse fato contribuiu para que compreendesse o papel educativo da família, em que os pais atuam como "educadores", e que o processo de alfabetização (sistemático) emerge da leitura do mundo (assistemático).

> Fui alfabetizado no chão do quintal da minha casa à sombra das mangueiras, com palavras do meu mundo e não do mundo maior dos meus pais. O chão foi meu quadro-negro; gravetos, o meu giz. (Freire, 1982a, p.16)

Quando foi para a escola já estava alfabetizado, e o seu contato com a professora Eunice Vasconcelos, aos seis anos, possibilitou-lhe compreender a importância da oralidade, porque ela utilizava, no processo da alfabetização, na formação de sentenças, a expressão oral, sendo os "erros corrigidos sobre a prática e na prática". Segundo Freire (1982a, p.17)

> com ela, a leitura da palavra, da frase, da sentença, jamais significou uma ruptura com a leitura do mundo. Com ela, a leitura da palavra foi a leitura da palavramundo.

No período ginasial, o trabalho pedagógico desenvolvido pelo professor de Língua Portuguesa José Pessoa da Silva, do Colégio Osvaldo Cruz, do Recife, que utilizava textos em forma de busca, estimulando a curiosidade dos/as alunos/as, contribuiu para a sua compreensão crítica da leitura e para a sua prática docente como professor de Português em escolas secundárias, cujo ensino era uma mistura de formas didáticas tradicionais e críticas, procurando explicar as regras de correção gramatical na sala de aula, mas estimulando o/a aluno/a a escrever pequenos trabalhos em sala de aula. Preocupava-se com a precisão dos significados dos textos como objetos a serem desvelados. Com isso, a prática da liberdade emergiu no nível psicológico e individual na medida em que os/as alunos/as reagiram aos bloqueios provenientes das relações externas provocadas por outros professores que os consideravam "incapazes de aprender" diante dos desafios provocados por Freire. A reação dos alunos foi a de compreensão da capacidade de aprender e do sentimento de liberdade.

Em 1943, ingressou no curso de Direito. Quando cursava o último ano da faculdade, em 1947, deixou de lecionar em estabelecimentos de ensino – no Colégio Osvaldo Cruz e em outros – porque foi nomeado para o setor de educação do Sesi. Nesse período iniciou um trabalho com os trabalhadores, o qual fortaleceu nele as ideias da educação libertadora ao estabelecer relações entre a escola e a vida dos trabalhadores, entre educação e consciência de classe. No início de sua formação acadêmica estabeleceu contato com as obras de Jacques Maritain, Emanuel Mounier (personalismo), Tristão de Athaíde, Gilberto Freyre, entre outros.

O casamento com a professora primária Elza Costa, em 1944, foi importante para definir a sua decisão de ser educador. Abandonou o exercício da advocacia recém-iniciado, em 1947, e retornou à área pedagógica como Diretor do Departamento de Educação e Cultura, e, depois Superintendente do SESI, em Pernambuco (1956 a 1964). Aí estabeleceu contatos formais com trabalhadores e camponeses quando implantou um projeto de educação de adultos. Essa experiência foi importante para a criação do método de alfabetização de adultos, iniciado em 1961, no Movimento de Cultura Popular do Recife. Posteriormente, em

1963 essa experiência no MCP foi levada para o projeto de alfabetização de adultos de Angicos, no Rio Grande do Norte. Em 1963 foi convidado pelo Ministério da Educação para coordenar o Plano Nacional de Alfabetização. O golpe de Estado de 1964 provocou a ruptura do seu trabalho e o levou à prisão e ao exílio (Bolívia, Chile, Estados Unidos e Suíça). A experiência do exílio permitiu a Freire repensar a realidade do Brasil, aprofundar seus conhecimentos e sua formação humana, aprender os limites da educação, compreender a educação como ato político e o trabalho pedagógico como formação de uma contraideologia e processo de mudança social. O exílio reforçou-lhe o sentido do respeito às expressões culturais e a adoção de uma psotura de humildade ante o saber.

Freire faz chamada a esse aprendizado ao dizer:

> a minha convivência com homens e mulheres que haviam exposto suas vidas de luta, que haviam perdido companheiras e companheiros junto a eles, sem dar impressão de proprietários da verdade –, tudo isso, que se acrescentava ao que já aprendera no trato humilde do contexto de empréstimo relativizando o sofrimento do exílio, me preparava também para, na volta, dizer o que disse: vim para reaprender o Brasil, e não para ensinar os que aqui ficaram como "exilados internos". (Freire & Betto, 1985, p.56-8)

Em agosto de 1979 quando veio reconhecer o Brasil, teve contato com o projeto do Partido dos Trabalhadores. Nesse ano, filiou-se ao PT. Em 1980, retorna ao Brasil, após assessorar programas de educação em Guiné-Bissau, Cabo Verde, Angola e Ilha de São Tomé (África). Passa a exercer o magistério na Pontifícia Universidade Católica de São Paulo e, posteriormente, na Universidade Estadual de Campinas. Cria o Vereda – Centro de Estudos em Educação, voltado para a educação popular.

Freire ficou viúvo em 1986, mas reencontrou o amor e a vontade de viver com Ana Maria Araújo Hasche (Nita), antiga amiga de sua família e aluna, com quem se casou em 1988.

Em 1º de janeiro de 1989, assumiu a Secretaria Municipal de Educação de São Paulo, renunciando em maio de 1991 para escrever. Entretanto, fascinado pela docência, volta também às atividades acadêmicas.

A experiência vivida na Secretaria Municipal de São Paulo foi caracterizada pela gestão democrática e pela autonomia escolar com a implementação dos conselhos escolares e dos grêmios estudantis e o incentivo à gestação de projetos pedagógicos próprios com o intuito de mudar a escola pública. Segundo Gadotti (Gadotti et al., 1996, p.96, 102), a administração freireana apresentou três programas: formação permanente do professor; alfabetização de jovens e adultos, por meio do Movimento de Alfabetização da Cidade de São Paulo (Mova-SP); e prática da interdisciplinaridade, caracterizada por uma ação coletiva e solidária na organização do trabalho na escola. "O objetivo da interdisciplinaridade é experimentar a vivência de uma realidade global que se inscreve nas experiências cotidianas do aluno, do professor e do povo."

O pensamento e a prática educacional de Paulo Freire, portanto, são provenientes de uma série de experiências vividas: na infância e na adolescência, a experiência da fome e da pobreza possibilitou-lhe a aprendizagem do significado de classe social e da relação entre classe social e conhecimento. A experiência educacional com os trabalhadores, no Sesi, o aprendizado de não dicotomizar o conhecimento menos rigoroso do mais rigoroso, valorizando a linguagem popular. O exílio permitiu-lhe ampliar a compreensão de educação como ato político. Na Secretaria Municipal de Educação colocou em prática os seus pressupostos ético-político-educacionais.

Desde a década de 1960, o período do exílio e do seu retorno ao Brasil, Freire teve uma crescente produção teórica, primeiramente em nível individual, tendo publicado, com temas educacionais: *Educação como prática da liberdade* (1967), *Pedagogia do oprimido* (1970), *Extensão ou comunicação?* (1970), *Ação cultural para a liberdade* (1975), *Educação e mudança* (1979), *Conscientização* (1980), *Cartas a Guiné-Bissau* (1978), *A importância do ato de ler* (1982).

Na década de 1980, Freire desenvolve uma nova dinâmica de produção, por meio de "diálogos", em parceria com outros autores, em que se opera uma análise conjunta sobre a educação: *Sobre*

Ivanilde Apoluceno de Oliveira

*educação*, com Sérgio Guimarães (1982); *Pedagogia, diálogo e conflito*, com Moacir Gadotti e Sérgio Guimarães (1985); *Por uma pedagogia da pergunta*, com Antônio Faundez (1985); *Medo e ousadia: o cotidiano do professor*, com Ira Shor (1986); *Essa escola chamada vida*, com Frei Betto (1985); *Que fazer: teoria e prática em educação popular*, com Adriano Nogueira (1989); *Aprendendo com a própria história*, com Sérgio Guimarães (1987). Em algumas dessas obras, Freire procura retomar suas teses, esclarecendo dúvidas sobre o seu discurso educacional, num processo de reflexão permanente.

Na década de 1990, os escritos de Freire se apresentam em forma de entrevistas, depoimentos, diálogos, com produção individual, contendo reflexões sobre a política educacional desenvolvida na Secretaria Municipal de Educação e sobre a educação no contexto atual: *Educação na cidade* (1991), *Professora sim, tia não* (1993), *Política e educação* (1993), *Pedagogia da esperança* (1993), *Cartas a Cristina* (1994), *À sombra desta mangueira* (1995), *Pedagogia da autonomia* (1996), *Pedagogia da indignação* (2000)[2] e *Pedagogia dos sonhos possíveis* (2001).

Paulo Freire nos deixou em 2 de maio de 1997, com um grande legado, um pensamento educacional e uma prática educativa comprometida com a luta por um mundo melhor e mais justo. Seus últimos escritos refletem a história de um homem coerente com seu projeto educacional. Escritos éticos de indignação com as injustiças sociais e de luta ecológica pela vida.

## Influências filosóficas

Encontramos nas ideias educacionais de Paulo Freire diversas influências filosóficas: o existencialismo, o personalismo, a fenomenologia e o marxismo; seu discurso, entretanto, não é um

---

2 Como diz Nita (apud Freire, 2000, p.13), que não seja considerada "uma obra póstuma", mas uma obra que "celebra a sua vida".

discurso fragmentado, pois existe uma coerência no desenvolvimento de suas ideias educacionais.

Freire concebe o ser humano como "ser de busca" porque percebe-se inacabado e "que não sabe tudo", busca o saber, o conhecimento e o seu aprimoramento como ser humano, ou seja, por saber-se inacabado é que busca a perfeição. Ser humano visto como "ser de relações", cuja relação dialética ser humano-mundo possibilita a sua característica existencial de "sujeito" do conhecimento, da história e da cultura. É um *sujeito* que existe *no* mundo e *com* o mundo, como "corpo consciente", cuja consciência é intencionada para fora de si, para um mundo que não é mero objeto de contemplação, mas tem a marca de sua ação. O ser humano nesta relação com o mundo é concebido como "ser de práxis" (reflexão-ação) que existe numa situação concreta, isto é, situado em um contexto histórico-social estabelecendo relações dialéticas com os outros seres.

Encontramos nessa forma de conceber o ser humano traços do existencialismo: ao considerar a indagação, a busca do conhecimento, como parte da natureza humana, Freire reconhece que a existência de homens e mulheres, assim como a consciência de que fala a fenomenologia, é transcendência, isto é, relação com o mundo (com as coisas e com os seres humanos). Há também influência do personalismo de Mounier, pois este compreende o existir subjetivamente e o existir corporalmente como uma única e mesma experiência. Freire aproxima-se de Heidegger, que vê o ser humano como aquele que se interroga pelo próprio ser e o mundo, reflexão pela qual o homem e a mulher compreendem a si mesmos. Para Heidegger, ser ou estar no mundo é a determinação fundamental da existência. Aproxima-se, também, de Marx, que compreende o ser humano como ser concreto, situado histórica e socialmente, e ser de práxis, ou seja, teórico-prático.

Freire retoma de Karl Jaspers, Mounier e Gabriel Marcel (teóricos cristãos) o diálogo, a comunicação como fator primordial da relação humana e a condição para o ser humano formar-se como pessoa.

Ivanilde Apoluceno de Oliveira

O diálogo para Freire é o momento em que os seres humanos se encontram para refletir sobre sua realidade, sobre o que sabem e o que não sabem, como seres conscientes e comunicativos que são.

> Conhecer é um evento social ainda que com dimensões individuais ... O diálogo deve ser entendido como algo que faz parte da própria natureza histórica dos seres humanos. É parte de nosso progresso histórico do caminho para nos tornarmos seres humanos. (Freire & Shor, 1986, p.122-3)

Freire aproxima-se de Marx e Gramsci ao trabalhar a educação como ato político e elaborar uma proposta dialética de educação voltada para os interesses das classes populares, dos oprimidos, analisando o processo de autoritarismo e de alienação presente no discurso educacional capitalista. Freire recebe influência de Gramsci ao analisar a educação como processo de conscientização crítica, sendo o sujeito capaz de compreender a razão de ser dos fatos, superando a apreensão ingênua da realidade social. Dessa forma, a educação para Freire constitui um ato de "conscientização crítica", de "desmitologização" em que se desoculta a ideologia da classe dominante e, assim, de "libertação".

A consciência crítica torna-se um processo *libertador*, pois, integrando-se e exercitando a práxis, os seres humanos se descobrem como pessoas e, desse modo, o mundo, os homens e as mulheres, a cultura e o trabalho assumem o seu verdadeiro significado.

A conscientização produz a "desmitologização" que, segundo Freire, não pode ser provocada pelos opressores, já que estes tendem a mitificar a realidade captada pelos oprimidos, para os quais a captação é feita de maneira ideológica. O trabalho educativo humanizante libertador consiste, então, no trabalho de desmitificação da ideologia que oculta a verdadeira realidade.

O pressuposto freireano, contido na Pedagogia do Oprimido, de que o processo de conscientização do ser humano oprimido sobre sua alienação, compreendendo-se como sujeito do conhecimento, da história e da cultura na luta pela sua libertação,

Leituras freireanas sobre educação

dialeticamente se constitui na libertação de todos, tendo influência da análise dialética hegeliana entre o senhor e o escravo, pois para Hegel, segundo Abbagnano, na relação senhor e escravo,

> a luta implica um risco de vida e de morte; porém não se resolve com a morte das autoconsciências contendentes, mas sim com o subordinar-se de uma à outra nas relações senhor-escravo. Nesta relação, a autoconsciência vencedora coloca-se como liberdade de iniciativa perante o escravo, que está ligado ao trabalho e à matéria. Isso acontece até o servo alcançar ele próprio a consciência da sua dignidade e independência; então o senhor sucumbe e a responsabilidade da história mantém-se submetida à consciência servil. (Abbagnano, 1978, p.126-7)

A educação torna-se, assim, uma pedagogia do oprimido, instrumento de desalienação e de libertação de homens e mulheres que passam a refletir sobre a sua condição de explorados e, conscientes dessa situação opressora, se engajam numa luta para a libertação, visando eliminar as contradições existentes entre opressores e oprimidos, cuja relação é de *poder*, fundamentada nas diferenças de classes sociais.

Freire critica as concepções mecanicistas e idealistas presentes na educação e estabelece a relação dialética como pressuposto de sua análise educacional, pois, para ele, a educação se desenvolve na relação dialética entre ser humano e mundo, entre estrutura educacional e sistema global da sociedade e entre teoria e prática, por meio da práxis. Do ponto de vista da classe dirigente, a tarefa principal da educação é reproduzir a ideologia dominante, mas dialeticamente há outra tarefa a ser cumprida, que é a de "denunciar e de atuar contra a reprodução ideológica", desmitificando as ideologias e construindo um contradiscurso em favor das classes populares, com uma perspectiva de transformação social. Essa tarefa é do/a professor/a cujo sonho político é a favor da libertação. Dessa forma, para Freire a posição dialética e democrática implica a "intervenção do intelectual" (Freire & Shor, 1986).

25

Ivanilde Apoluceno de Oliveira

Ele ressalta o comprometimento político do intelectual *com* as classes populares sem ser elitista – impondo a leitura dominante às classes populares –, nem espontaneísta – restringindo-se ao saber espontâneo. A sua tarefa implica uma ação democrática e responsável, fazendo interagir dialeticamente os saberes populares e científicos:

> É preciso deixar claro que, em coerência com a posição dialética em que me ponho, em que percebo as relações mundo-consciência-prática-teoria-leitura-do-mundo-leitura-da--palavra-contexto-texto, a leitura do mundo não pode ser a leitura dos acadêmicos imposta às classes populares. Nem tampouco pode tal leitura reduzir-se a um exercício complacente dos educadores ou educadoras em que, como prova de respeito à cultura popular, silenciem em face do "saber de experiência feito" e a ele se adaptem. A posição dialética e democrática implica, pelo contrário, a *intervenção* do intelectual como condição indispensável à sua tarefa. E não vai nisto nenhuma traição à democracia, que é tão contraditada pelas atitudes e práticas autoritárias quanto pelas atitudes e práticas espontaneístas, irresponsavelmente licenciosas. (Freire, 1993a, p.106-7)

Ao trabalhar dialeticamente a questão política da educação e considerá-la um processo de conscientização crítica, apresenta Freire o problema da criticidade. Em contraposição a uma Pedagogia da Resposta propõe Freire a Pedagogia da Pergunta: nela a tarefa do/a professor/a é problematizar aos educandos o mundo que os mediatiza, é estimular a curiosidade e o ato de perguntar no processo educativo.

A compreensão da educação como *processo ético e existencial* está presente na pedagogia freireana tanto pela questão da radicalidade do ato de perguntar como pelo fato de estabelecer o significado do existir vinculado à relação "ser humano-mundo". Para Freire, o existir ultrapassa o viver, sendo a transcendência, o discernimento, a dialogicidade e o agir de forma consequente características do existir. E o existir individual se realiza no social.

Leituras freireanas sobre educação

# Ideias educacionais

A educação freireana é denominada de diversas maneiras:

- Pedagogia Humanista: educação que pretende a humanização de homens e mulheres na medida em que rejeita toda forma de manipulação humana e dimensiona o ser humano como o sujeito da educação. A pedagogia freireana é humanista, porque se dimensiona pela articulação entre o existencial, o político e o ético.
- Pedagogia Libertadora ou do Oprimido: educação como instrumento de desalienação e de libertação de homens e mulheres oprimidos, que, ao refletirem sobre a sua condição de explorados, se engajam numa luta para a transformação social e sua libertação da opressão.
- Pedagogia Problematizadora, Dialógica e da Pergunta: educação que consiste na problematização da realidade social, estimulando o diálogo, a curiosidade e o ato de perguntar dos sujeitos na ação educativa.
- Pedagogia da Esperança: educação compromissada com a possibilidade histórica de mudança social, fundamentada em lutas e ações educativas concretas.
- Pedagogia da Autonomia: educação que respeite a autonomia de homens e mulheres, como sujeitos do conhecimento, da história e da cultura.
- Pedagogia da Indignação: educação que eticamente se indigne com as discriminações e as injustiças sociais.
- Pedagogia dos Sonhos Possíveis: educação compromissada com o sonho ético e político de uma sociedade e de uma escola democráticas.

Freire, na Pedagogia do Oprimido, contrapondo-se à pedagogia tradicional, desenvolve uma educação cuja proposta é reescrever a prática pedagógica e repensar o sentido político da educação em função das classes populares. Critica a pedagogia tradicional, considerando-a, além de "Bancária" (Pedagogia do Oprimido), uma "Pedagogia da Resposta" (Pedagogia da Pergunta), já que há uma transmissão de conteúdos prontos e acabados pelo/a professor/a e um caráter assistencial e de adaptação de que a educação se reveste quando se torna um processo de "transmissão" mecânica e de memorização do conhecimento "depositado" pelo/a professor/a ao/a aluno/a.

Freire no processo educativo enfatiza os elementos subjetivos, especificamente a relação professor/a e aluno/a, que se apresenta como dialógica. Ele faz uma análise epistemológica da educação, destacando professor/a e aluno/a como "sujeitos" do conhecimento.

A prática pedagógica dialógica, problematizadora e inquiridora proposta por Freire, implica que o/a educador/a e o/a educando/a busquem, pesquisem o conhecimento, para que a aula seja, de fato, um espaço democrático.

A aula é compreendida por Freire (1980a, p.79) como um "encontro em que se busca o conhecimento". Esse encontro dialógico entre educador e educandos se apresenta em forma de projeto político de transformação social. Conhecemos o quê? Para quê? O que fazer com o conhecimento adquirido? Qual é o projeto político-social a que essa busca do saber nos conduz em termos de transformação social?

A educação freireana apresenta um *caráter libertador*, porque pressupõe a libertação do ser humano, como sujeito, da adaptação, da alienação em relação ao conhecimento e à história, sendo capaz de problematizar e teorizar sobre a realidade social vivida e de posicionar-se criticamente perante as contradições de classe social, integrando-se à sociedade. Nessa perspectiva, segundo Freire, a escola teria como função "integrar" o indivíduo à sociedade, contribuindo para a transformação social, por meio de uma prática educativa criativa, participativa, dialógica e conscientizadora.

Entretanto, a luta pela democratização do saber, em Freire, não se restringe ao espaço escolar; estende-se, também, aos movimentos sociais, às práticas sociais e políticas; tampouco é restrita a uma "escola para todos", direcionada da elite para as classes populares, mas uma educação que ultrapassa a "educação *para* o povo" para a "educação *com* o povo", que implica o respeito ao saber popular e a participação das classes populares nos caminhos da educação.

Segundo Freire,

> Na intimidade do espaço institucional da escola é fundamental aprender manhas, saber como seguir manhosamente um programa que chega de cima para baixo, burguesamente instalado... É preciso, também, ocupar o espaço das associações e sindicatos. (Gadotti et al., 1985, p.72-4)

Freire redefine o papel do/a professor/a e do/a aluno/a, cabendo ao/à educador/a dialogar sobre situações concretas para que ocorra a superação da consciência ingênua, visando a uma práxis educativa crítica e criativa, e ao/à educando/a participar de forma corresponsável na ação educativa, problematizando a realidade, objetivando conhecê-la e transformá-la. O/a "educador[a]-educando[a]" é o/a que tem a função de ensinar, mas aprende no processo educativo, e o/a "educando[a]-educador[a]" é o/a que tem o papel de aprender, mas ensina na ação pedagógica.

A compreensão do/a educador/a e do/a educando/a como agentes do processo de conhecimento não elimina, segundo Freire, o caráter diretivo da educação nem o papel e a necessidade do docente no processo educacional, cuja atuação não pode ser autoritária, mas democrática e responsável, apesar das diferenças existentes entre os docentes e os discentes:

> o[a] educador[a], sem levar em conta se trabalha no nível da pré-escola, da escola de 1° grau ou da Universidade, tem que assumir a autoridade necessária que deve ter, sem ultrapassá-la e destruí-la, tornando-se autoritário[a]... A diferença continua a existir! Sou diferente dos alunos [e alunas]! Mas se sou democrático não posso permitir que essa diferença seja antagônica. Se eles e [elas] se tornam antagonistas, é porque me tornei autoritário. (Freire & Schor, 1986, p.115, 117)

O método dialógico, o de "intercomunicação entre os indivíduos mediatizados pelo mundo", torna-se, também, o meio de articulação entre o saber cotidiano, experiencial de vida, e o saber erudito, sistematizado e rigoroso. Para Faundez, "a união entre o saber e o senso comum é fundamental para qualquer concepção de luta política, de educação, de processo educativo" (Freire & Faundez, 1985, p.58).

Há uma conotação de humildade inerente a essa concepção dialógica de educação ao romper com a visão tradicional de que *o/a professor/a é o/a que sabe* e *o/a aluno/a o/a que não sabe*. Para Freire, todos sabemos alguma coisa, daí a importância das experiências de vida no seu pensamento educacional.

Enfatiza ainda Freire a importância dos fins, dos objetivos da educação em contraposição aos métodos e técnicas. Para ele, o que é fundamental no processo educacional é o dinamismo da aula e a abordagem do objeto a ser conhecido, se orientam ou não os estudantes para a sociedade de forma crítica. Cabe ao/à educador/a, não importando a metodologia adotada, desvendar a realidade que está sendo ocultada pela ideologia, despertando criticamente os/as alunos/as para a problemática social.

Assim, a prática libertadora não se fundamenta na metodologia adotada pelo/a professor/a, mas na sua competência técnica, na definição clara dos seus objetivos educacionais, no compromisso político e na coerência entre o discurso e a prática, procurando estabelecer uma relação, diferente da tradicional, com o conhecimento e a sociedade.

Para Freire,

> o[a] educador[a] libertador[a] tem que estar atento[a] para o fato de que a transformação não é só uma questão de métodos e técnicas... A questão é o estabelecimento de uma relação diferente com o conhecimento e a sociedade... O[a] educador[a] iluminará a realidade mesmo com aulas expositivas ... O importante é que a fala seja tomada como um desafio a ser desvendado e nunca como um canal de transferência. (Freire & Schor, 1986, p.48, 54)

A tarefa libertadora do/a educador/a é, portanto, "iluminar a realidade", e essa educação libertadora pode ser desenvolvida tanto na escola quanto no interior dos movimentos sociais. A atuação do/a professor/a em relação ao espaço institucional torna-se assim uma questão de escolha pessoal e de possibilidades históricas.

## Paulo Freire: cristão ou marxista?[3]

> Deus é uma "Presença na História", mas uma
> Presença que não nos proíbe de fazer História.
> É uma Presença que não nos imobiliza para que
> se faça a História que nos cabe fazer.
> (Paulo Freire, 1993c, p.112)

Ao fazer a leitura do livro *Marxismo e teologia da libertação*, de Michael Löwy, a questão da relação entre o cristianismo e o marxismo, pano de fundo de sua análise para explicar a importância da Igreja no contexto histórico-revolucionário da América Latina, despertou-me atenção e me reportou à figura de Paulo Freire. A proposta freireana de educação humanista e libertadora apresenta tanto influência do personalismo e do existencialismo (sendo considerado, por Saviani, um escolanovista) quanto do marxismo (Libâneo e Luckesi referem-se ao pensamento educacional de Paulo Freire a partir de sua tendência marxista).

A problemática "Paulo Freire: cristão ou marxista?" veio à tona instigando-me a penetrar neste estudo, cuja questão anteriormente já nos provocara, mas que a leitura de Löwy reacendeu.

O próprio Löwy (1991, p.53) faz referência à pedagogia de Paulo Freire como fundamento da prática educativa do Movimento pela Educação de Base (MEB), como aquela que "não visava apenas a alfabetização mas também a tomada de consciência dos pobres a fim de ajudá-los a se tornarem atores de sua própria história", sem, entretanto, deter-se em uma análise mais

---

3 Artigo publicado na *Revista Cuira* (Belém – PA, Unipop, ano v, n.14-15, abril/ maio 1995) com o título: "O discurso educacional freireano e a teologia da libertação".

profunda dos pressupostos teóricos de sua pedagogia e da sua contribuição para o processo de construção da teologia da libertação.

Pretendo, então, explicitar como se apresenta na pedagogia freireana o vínculo entre cristianismo e marxismo e quais as aproximações de sua proposta educacional com a teologia da libertação. Iniciarei minha análise transcrevendo trechos da entrevista feita por Lígia Chippiani Leite[4] com Paulo Freire, na qual a questão da relação entre o cristianismo e o marxismo é colocada:

L – ...até que ponto hoje você é mais marxista do que era na época da Pedagogia do Oprimido?

P – ...eu fui na minha juventude, ao camponês e ao operário da minha cidade, movido pela minha opção cristã. Que eu não renego. Chegando lá, a dramaticidade existencial dos homens e mulheres com quem eu comecei a dialogar me remete a Marx. É como se os camponeses e os operários me tivessem dito: Olha, Paulo, vem cá, você conhece Marx? Eu fui a Marx por isso... Comecei a ver uma radicalidade original do pensamento marxista lá na área camponesa, de analfabetos... Não quero dizer que eu sou hoje um "expert" em Marx, ou que sou um marxista. Por uma questão até de humildade. Eu acho que é muito sério dizer alguém ser marxista. É preferível dizer que eu estou tentando tornar-me. E a mesma coisa em relação à minha opção cristã. Eu sou um homem em procura de tornar-me um cristão...

L – Como você vê a conciliação dessas duas procuras?

P – ...quanto mais eu me encontrei com Marx, direta ou indiretamente, tanto mais eu entendi os evangelhos que eu lia antes com uma diferente interpretação. Quer dizer, no fundo, Marx me ensinou a reler os evangelhos. Para muita gente, isso é absurdo. Para certos marxistas mecanicistas, que para mim não entenderam Marx, e que não só distorcem, mas obstaculizam o desenvolvimento do pensamento marxista, para esses eu sou um contraditório, e não vou deixar de ser jamais um idealista, representante de uma peda-

---

4 Entrevista realizada em 8.12.1979 em Genebra, com a participação de Antonio Faundez e publicada com o nome de "Encontro com Paulo Freire" (cf. Leite, 1979, p.73-5).

gogia burguesa. Para certo tipo de cristão mecanicista também, tão reacionário quanto esses pseudomarxistas, eu sou um endemoniado contraditório. Eu não vejo nenhuma contradição à minha opção cristã pretender uma sociedade que não se funda na exploração de uma classe por outra. Em última análise, devo dizer que tanto a minha posição cristã quanto a minha aproximação a Marx, ambas jamais se deram ao nível intelectualista, mas sempre referidas ao concreto. Não fui às classes oprimidas por causa de Marx. Fui a Marx por causa delas. O meu encontro com elas é que me fez encontrar Marx e não o contrário. (Leite, 1979, p.73-5)

Essa reflexão de Freire nos mostra o caráter dialético de como trata sempre a questão, do teórico ao prático e do prático ao teórico. Da posição teórica cristã a uma realidade social de classe e desta ao referencial teórico de classe marxista, bem como de Marx aos evangelhos cristãos. Freire já naquela época chama a atenção para a necessidade da releitura de Marx e do evangelho cristão e para a não contradição entre o cristianismo e o marxismo.

Por outro lado, coloca-se como *em procura de tornar-se* tanto cristão quanto marxista, delineando a ação humana como um processo existencial histórico. E parte sua argumentação de aproximação dos conceitos do cristianismo e do marxismo da própria concepção epistemológica de Marx, isto é, do concreto, de uma realidade social de classes.

O pensar a partir da experiência, da realidade concreta está presente nos escritos de Paulo Freire. Para ele, a experiência da fome e da pobreza na infância possibilitou-lhe a aprendizagem do significado de classe social; a experiência das dificuldades no estudo em razão da fome ensinou-o a estabelecer a relação entre classe social e conhecimento; a experiência com os trabalhadores o levou à compreensão mais radical da educação: ser humilde em relação ao saber, a aprender com o trabalhador, a não dicotomizar o conhecimento menos rigoroso do mais rigoroso e a perceber a não inferioridade da linguagem popular; por fim, o exílio permitiu-lhe a compreensão da política na educação (cf. Freire & Shor, 1986, p.40-2).

Outro ponto de aproximação entre o cristianismo e o marxismo, explicitado pelo próprio Freire, é a atitude de não passividade de homens e mulheres perante a opressão.

Jorge (1981) faz referência à carta escrita por Freire a um estudante de Teologia, na qual apresenta essa resistência à opressão, que dimensiona numa forma de humanismo e um compromisso político com os oprimidos tanto pelo cristianismo quanto pelo marxismo. Nessa carta Freire (apud Jorge, 1981, p.13) escreve:

> A mensagem cristã e o pensamento científico de Marx não são, primeiramente, um convite a permanecermos passivos diante da opressão... Marx é tão pouco responsável pela distorção mecânica de seu conceito de [ser humano] e do mundo como Cristo o é pela nossa covardia.

Quando Löwy (1991, p.47) explicita os pressupostos teóricos da teologia da libertação – resgate do homem e da mulher como sujeitos históricos; a libertação do povo escravizado, não só da classe operária, mas dos pobres, que envolve outros grupos sociais marginalizados, sendo o pobre não mais objeto de caridade, mas ator de sua própria libertação, e uma relação dialética entre fé e revolução –, identificamos no discurso educacional de Paulo Freire esses elementos teóricos.

Quais são os referenciais teóricos cristãos e marxistas, presentes na teologia da libertação, encontrados na pedagogia freireana?

## O humanismo

A pedagogia freireana é humanista, pois centra-se em uma antropologia filosófica que constitui o núcleo do processo educacional. O ser humano é concebido como "ser na busca constante de ser mais"; isso significa que ele é um ser que busca a perfeição, consciente de que é um ser inacabado, e essa consciência de sua incompletude se contrapõe à da completude de

Deus. Segundo Freire (1981, p.28): "O homem [e a mulher][5] por ser[em] inacabado[s], incompleto[s] não sabe[m] de maneira absoluta. Somente Deus sabe de maneira absoluta".

O ser humano, diferentemente do animal, é compreendido como "ser de relações", ser reflexivo, ativo (intervém na natureza e cria cultura), consequente, transcendente e histórico. Para Freire (1981, p.31-2):

> a consequência, resultante da criação e recriação que assemelha o [homem e a mulher] a Deus... O [ser humano] se identifica com sua própria ação: objetiva o tempo, temporaliza-se, faz-se [homem/mulher]-história... O [ser humano] pode transcender sua imanência e estabelecer uma relação com os seres infinitos. Mas esta relação não pode ser de domesticação, submissão ou resignação diante do ser infinito... A educação deve estimular a opção e afirmar o [homem e a mulher] como [seres humanos].

Observamos, então, uma análise do ser humano situado no mundo, cujas características ontológicas estão vinculadas a um ser transcendente e infinito, Deus. As relações humanas não se dão apenas com os outros, mas se dão no mundo, com o mundo e pelo mundo (nisso se apoiaria o problema da religião). Mas a relação que o ser humano estabelece com Deus não é de resignação, mas de um sujeito com uma práxis (reflexão-ação) consequente, dimensionando homens e mulheres como sujeitos históricos e culturais. Resgata do cristianismo, pela consequência, o respeito ao outro, a dimensão moral nas relações humanas. Assim, o amor e a fé, traduzidos pela esperança, conceitos básicos do cristianismo, estão presentes, também, em Freire (1981, p.28-30): "O amor é uma intercomunicação íntima de duas consciências que se respeitam... O amor é uma 'tarefa' do sujeito... Não se

---

5 Utilizo "homem e mulher" ou "ser humano" nas citações de Freire, atendendo à sua solicitação contida na *Pedagogia da esperança* (1993a, p.67-8), com o objetivo de superar a linguagem machista dominante.

poderia buscar sem esperança". Há em Paulo Freire uma "crença" nos homens e mulheres como sujeitos históricos.

## A libertação dos oprimidos

Para Freire (1983, p.35), a educação como formação de uma consciência crítica é um processo *libertador*, pois o ser humano "integrando-se" e exercendo a práxis (reflexão-ação) se descobre como pessoa situada no mundo, como ser produtor de cultura e sujeito da história. A constatação de uma realidade social de classe, injusta e desigual, pelo ser humano como agente do conhecimento e da história faz compreender a liberdade como conquista e não doação: "Ninguém tem liberdade para ser livre: pelo contrário, luta por ela porque não a tem". Pelo processo educativo, podemos aprender como nos libertar pela luta política na sociedade.

Segundo Freire, "podemos lutar para sermos livres, precisamente porque sabemos que não somos livres! É por isso que podemos pensar na transformação" (Freire & Shor, 1986, p.25).

Coloca Freire no próprio ser humano e em suas ações a possibilidade de mudança. Dessa forma, resgata os conceitos marxistas de "classe", de "práxis", de "alienação" e de "libertação". A conquista da liberdade pelos oprimidos implica a construção de uma nova sociedade e de uma outra relação humana. E esse projeto de libertação seria feito pelos oprimidos para a libertação de todos. Conforme Freire, "a libertação é um parto doloroso. O [homem e a mulher] que nasce deste parto é um [ser humano] novo após a suspensão da contradição opressor-oprimidos que é a libertação de todos" (1983, p.36).

Na *Pedagogia do oprimido*, Freire enfatiza a tarefa humanista e histórica dos oprimidos de libertar-se a si e aos opressores e coloca em questão a *generosidade* dos opressores. Para ele,

a grande generosidade está em lutar para que, cada vez mais, estas mãos sejam de homens [e mulheres] ou de povos, se estendam menos, em gestos de súplica. Súplicas de humildes a poderosos. E se vão fazendo, cada vez mais, mãos humanas, que trabalhem e transformem o mundo. Este ensinamento e este aprendizado têm de partir, porém, dos "condenados da terra", dos oprimidos, dos esfarrapados do mundo e dos que com eles realmente se solidarizem. (Freire, 1983, p.32)

A "generosidade" e a "súplica" são conceitos eminentemente cristãos e Freire utiliza-os numa dimensão humanista e libertadora de conquista em contraposição à doação. Por outro lado, resgata também o conceito de trabalho de Marx, como elemento vital nas ações humanas. E, ao falar dos "oprimidos", dos "condenados da terra", dos "esfarrapados do mundo", fala dos pobres que não são só os operários, mas diversos grupos sociais. Assim, quando Löwy (1991) faz referência à opção da Igreja pelos pobres, coloca na teologia da libertação o conceito de pobre numa categoria social mais ampla do que o proletariado, já que inclui também as raças e as culturas marginalizadas, e os pobres não como *objeto de caridade*, mas como "sujeitos de sua própria libertação".

Freire, também, fala da solidariedade dos intelectuais e nesse caso se aplica aos "intelectuais orgânicos" da própria Igreja, no seu engajamento nesse movimento de libertação, junto ou *com* os oprimidos, caracterizando uma luta política e ideológica que tem por base as próprias massas.

Nesse aspecto, vale ressaltar em Freire a importância que ele dá ao saber popular e às experiências cotidianas, sem, entretanto, reduzir-se a um basismo e sem negar o conhecimento científico, apontando para o caráter de resistência das classes populares. Enfatiza a "conscientização" como elemento de um processo educativo, caracterizada por uma ação coletiva e dialógica que requer a valorização do saber popular e as experiências de vida tanto do/a educador/a quanto do/a educando/a. Aponta também, em seu projeto pedagógico libertador, para a importância da utopia, como "sonho possível", que mistura fé e esperança com as contradições sociais e as perspectivas de transformação de uma sociedade injusta e desigual em uma sociedade verdadeiramente humana e igualitária.

A valorização do saber popular em face da dominação histórica do saber erudito, como pressuposto de uma prática educativa libertadora, é um dos pontos fundamentais de contribuição de Freire para a caracterização da educação popular. E, nesse pressuposto, está implícita a questão política do confronto de classes presente na educação pelo poder de que se reveste o saber. Assim, a prática pedagógica tradicionalmente se configura numa prática de dominação, cujos papéis estão delineados em função da posse do saber erudito/científico e que se traduz, também, numa forma de relação autoritária, no sentido de que é o/a professor/a que tem o poder da palavra. O não dizer a palavra pelo/a aluno/a no processo educacional é a reprodução da relação estabelecida na sociedade pelos oprimidos, que são excluídos de dizer sua palavra nos rumos políticos da nação.

O "dizer a palavra" pelos oprimidos e pelos discentes torna-se então um princípio pedagógico democrático e a relação dialógica estabelecida *com* eles se dimensiona como uma prática educativa libertadora.

O diálogo em Freire tem uma gênese existencialista e personalista, por meio de Karl Jaspers e Emmanuel Mounier, relacionando-se também com o cristianismo.

Na carta ao estudante de teologia, Freire considera a palavra de Deus libertadora e dialógica:

> Deus instituiu o seu diálogo com os [seres humanos] através de sua Palavra, o Filho, este Filho, Palavra do Pai e que, como escreve São João Evangelista, estava com o Pai desde o início. E neste diálogo do Pai com os homens [e as mulheres] em seu Filho Jesus Cristo, todos fomos libertados. Assim, pois, os homens [e as mulheres] só se libertarão quando forem capazes de, à imitação do diálogo divino, dialogarem entre si. (apud Jorge, 1981, p.14)

Essa influência do personalismo em Freire também está presente em Frei Betto, um dos teólogos da libertação. No depoimento feito por Freire e Frei Betto ao repórter Ricardo Kotscho que culminou no livro *Essa escola chamada vida*, Frei Betto chama a atenção para a sua aproximação com Paulo Freire pela filosofia personalista:

Nós dois fomos discípulos da filosofia personalista do Padre Vaz ... Nós, cristãos, bebíamos sobretudo a filosofia de caráter personalista como a de Bergson, do Gabriel Marcel, do Maritain e a do Emmanuel Mounier ... O Vaz nos abre a porta à leitura de Marx ... Nos abre a porta porque somos cristãos. Em princípio, o cristão era anticomunista e antimarxista. O marxismo era propriedade privada dos comunistas, e a leitura que na Igreja se fazia do marxismo não correspondia às ideias de Marx. Predominava a leitura de um outro jesuíta, o padre francês Jean Yves Calvez. (Freire & Betto, 1985, p.26-7)

Ressalta Frei Betto a importância dessa influência personalista para o desenvolvimento de "uma nova postura epistemológica" de encarar os problemas brasileiros, nos anos 1950 e 1960, observada não só na Igreja, mas nas diversas manifestações artísticas e na educação, principalmente com a contribuição de Paulo Freire.

## A alienação *versus* conscientização e a práxis histórica

O projeto educacional de Freire tem na conscientização um dos seus conceitos fundamentais de vinculação com os pressupostos da teologia da libertação e com o marxismo pela dimensão de crítica ao processo de alienação que sofre o homem trabalhador na sociedade capitalista.

A conscientização é concebida por Freire como um "esforço crítico de desvelamento da realidade, que envolve necessariamente um engajamento político", sendo resultado de uma prática. Para ele, "ninguém conscientiza ninguém. O [a] educador [a] e o povo se conscientizam através do movimento dialético entre a reflexão crítica sobre a ação anterior e a subsequente ação no processo daquela luta" (Freire, 1982b, p.109-10).

A reflexão crítica nessa concepção não é algo dado pelo intelectual ao povo, como alguém que tem uma reflexão crítica *versus* o que não a tem. A dimensão humana da criticidade coloca tanto o/a educador/a como o/a educando/a num processo permanente e dinâmico de reflexão sobre a realidade vivida. E

Ivanilde Apoluceno de Oliveira

essa reflexão se desenvolve numa prática coletiva e dialógica. A ação humana, então, se dimensiona numa práxis (reflexão-ação).

Frei Betto, reportando-se a uma experiência educativa na Fábrica Nacional de Motores, considera que a conscientização possibilita o trabalho pedagógico com o conceito de classe, de mais-valia, de excedente e de apropriação de Marx. A consciência crítica nasce

> da possibilidade de o oprimido contemplar, no sentido crítico, a sua obra, e como o produto do seu trabalho se distribui no processo social ... Toda crítica do desenvolvimento capitalista, das relações sociais como resultado das relações de produção, brotava daquele tipo de processo educativo. (Freire & Betto, 1985, p.28-9)

A consciência política para Frei Betto é ter uma apreensão da vida como "processo biográfico, histórico e coletivo", assim como para Paulo Freire é ter uma "leitura crítica do real". A Bíblia então, por permitir a apreensão histórica da vida, seria para Frei Betto um "texto revolucionário". Ela apresentaria no seu conteúdo uma concepção histórica. Conforme Frei Betto, "o ato de criação do Deus da Bíblia é histórico, e não instantâneo" (Freire & Betto, 1985, p.61-2).

Justamente em relação à conscientização é que Freire analisa o papel educativo da Igreja na América Latina, numa linha que ele denomina "profética", que tem como pressupostos a teologia da libertação *versus* a linha tradicionalista. Estabelece uma crítica à Igreja tradicional por não ter coerência em relação ao Evangelho, pois se apresenta como "conquistadora de almas", e dicotomiza "a mundanidade da transcendência", o que reforça a alienação humana diante do seu trabalho e a visão da Igreja como a salvadora dos pecados mundanos. Assim, para Freire (1982b, p.117)

> quanto mais imersas na cultura do silêncio estejam as massas populares, quanto maior for a violência das classes opressoras, tanto mais tendem aquelas massas a refugiar-se em tais igrejas ... A sua catarse

as aliena mais, na medida em que se faz em antagonismo com o mundo ... Querem chegar à transcendência sem passar pela mundanidade; querem a meta-histórica, sem experimentar-se na história; querem a salvação sem a libertação.

Freire aponta, dessa forma, para um novo papel da Igreja, que é o de romper com essa visão metafísica e alienada e desenvolver uma análise dialética e histórica do mundo. Essa forma dialética de pensar seria o fundamento de uma nova práxis na Igreja, que implica o assumir um compromisso político com o povo, com o oprimido. Significa sair da neutralidade e assumir uma posição política de classe. Para ele,

> ser cristão não significa necessariamente ser reacionário, como ser revolucionário não significa ser "demoníaco". Ser revolucionário significa estar contra a opressão, contra a exploração, em favor da libertação das classes oprimidas, em termos concretos e não em termos idealistas. (Freire, 1982b, p.113)

Coloca Freire (1982b, p.112) em questão o papel alienante, de "mitificação da consciência", que a Igreja tem desenvolvido na história da humanidade e aponta para uma nova prática emergente com os teólogos latino-americanos que "engajando-se historicamente, cada vez mais com os oprimidos, defendem hoje uma teologia política da libertação". Corrobora as suas ideias e os considera "capazes de denunciar a 'ordem' que os esmaga e, na práxis da transformação desta 'ordem', anunciar um mundo novo a ser refeito constantemente".

A "Igreja profética", para Freire (1982b, p.126), teria que ser como Cristo, "andarilha, viageira constante, morrendo sempre e sempre renascendo. Para ser, tem que estar sendo". Teria como temática: "a que emerge das condições objetivas das sociedades dependentes, exploradas, invadidas. A que emerge da necessidade da superação real das contradições que explicam tal dependência. A que vem do desespero das classes sociais oprimidas".

Em consequência, o caráter educativo dessa "Igreja profética" se fundamenta numa prática educativa libertadora. Tal como essa educação se contrapõe à prática educativa tradicional, a "Igreja profética" também se contrapõe às práticas religiosas tradicionais. E a construção de uma nova prática só se efetiva se é compreendida dialética e historicamente.

Podemos concluir, então, que Löwy – ao mostrar as relações dialéticas de reciprocidade entre o cristianismo e o marxismo via a teologia da libertação apontando para a importância da instituição Igreja no processo de libertação dos oprimidos, já que apresenta no seu interior uma dialética de conservação/transformação – aproxima-se das análises que Freire faz na sua proposta educacional.

Quando Löwy (1991, p.46-7) ressalta nas experiências das cebs o desenvolvimento de "uma nova qualidade aos movimentos sociais" por apresentarem "um enraizamento na vida cotidiana das camadas populares e suas preocupações humildes e concretas, um encorajamento à auto-organização de base, uma desconfiança face à manipulação política, a tagarelice eleitoral, ao paternalismo do Estado" e uma tendência de "busca de uma prática que ultrapasse tanto o basismo quanto o vanguardismo", não podemos deixar de reconhecer nessa forma de pensar os pressupostos básicos do pensamento de Paulo Freire.

Os conceitos cristãos de "amor", "diálogo" e "esperança" e os marxistas "dialética", "história", "práxis" e "alienação" estão presentes tanto em Freire quanto na teologia da libertação. O caráter revolucionário da educação libertadora, dimensionando a educação como ato gnosiológico e político, se aproxima da dimensão política da ação da Igreja, com a eliminação da "neutralidade" e a afirmação de um compromisso político com "os oprimidos", com os pobres. A opção da Igreja pelos pobres significa uma opção política.

Dessa forma, a análise da concepção de educação de Paulo Freire possibilita a compreensão dos vínculos teórico-práticos de aproximação entre o cristianismo e o marxismo na teologia da libertação e no próprio Freire, contribuindo também para a compreensão de um momento histórico da sociedade brasileira, os anos 1950 e 1960, o de construção de uma nova forma de pensar e de uma nova prática vivenciada pelas diversas instituições sociais e pelos movimentos sociais.

## A ética na pedagogia de Paulo Freire

> Não há possibilidade de pensarmos o amanhã,
> mais próximo ou mais remoto, sem que nos achemos
> em processo permanente de "emersão" do hoje,
> "molhados" do tempo que vivemos, tocados por seus
> desafios, instigados por seus problemas, inseguros ante
> a insensatez que anuncia desastres, tomados de justa
> raiva em face das injustiças profundas que expressam,
> em níveis que causam assombro, a capacidade humana
> de transgressão da ética.
> (Paulo Freire, 2000, p.117)

Paulo Freire, em sua Pedagogia da Indignação, ressalta o fato de vivermos em um contexto econômico, político e social globalizado excludente, de violência e desrespeito à vida, aos direitos humanos e à natureza.

Contexto social em que nos defrontamos com uma miséria cada vez mais crescente; com a contaminação e a destruição de nossos rios, florestas, plantas, animais e cidades; com a exploração e a discriminação do outro, do índio, do pobre, da mulher, dos que apresentam necessidades especiais, do negro, entre outros; e com injustiças e impunidades que favorecem a manutenção da exclusão social. Exclusão que se processa por uma inclusão precária, diferenciada, discriminada e marginal (Martins, 1997).

## A moral na sociedade globalizada

Uma sociedade que é regida pela lógica do mercado apresentando um discurso moral individualista, do "cada um por si", do "salve-se quem puder" e do "vale-tudo" (Freire, 2000).

Uma moral que tem como fim o "lucro" e os "bens materiais", adquirindo estes um sentido de "felicidade". Moral em que prevalece o "ter" sobre o "ser sujeito", apesar de se necessitar "ter" para "ser", o "egoísmo" sobre a "solidariedade" e o "eu" sobre o "outro", o "não eu", que se apresenta negado e coisificado. Uma sociedade em que, segundo Freire, mata-se com crueldade e brinca-se de matar gente.

Indignado com o assassinato de Galdino, um índio pataxó, por cinco adolescentes, em Brasília, Freire escreveu:

> Tocaram fogo no corpo do índio como quem queima uma inutilidade. Um trapo imprestável. Para a sua crueldade e seu gosto da morte, o índio não era um *tu* ou um *ele*. Era *aquilo, aquela coisa* ali. Uma espécie de *sombra* inferior no mundo. Inferior e incômoda, incômoda e indefesa.

> Que coisa estranha, brincar de matar de índio, de matar gente. Fico a pensar aqui, mergulhado no abismo de uma profunda perplexidade, espantado diante da perversidade intolerável desses moços desgentificando-se, no ambiente em que *descresceram* em lugar de *crescer*. (2000, p.65)

Nesse cenário de negação da vida humana, encontramos um sofrimento ético-político "gerado pela situação social de ser [o indivíduo] tratado como inferior, sem valor, apêndice inútil da sociedade e pelo impedimento de desenvolver, mesmo que uma pequena parte, o seu potencial humano" (Sawaia, 1999, p.9), que evidencia a necessidade e o dever de se lutar pelos princípios éticos mais fundamentais de respeito ao ser humano.

## Ética universal do ser humano

Contra o discurso da "ética do mercado", Freire (2000, p.129-30) apresenta uma *ética universal do ser humano* como "marca da natureza humana, enquanto algo absolutamente indispensável à convivência humana" (1997, p.19-20). Natureza humana que se constitui social e historicamente, "não como um 'a priori' da História", mas pela presença do ser humano no mundo.

> Presença que se pensa a si mesmo, que se sabe presença, que intervém, que transforma, que fala do que faz mas também do que sonha, que constata, compara, avalia, valora, que decide, que rompe. E é no domínio da decisão, da avaliação, da liberdade, da ruptura, da opção, que se instaura a necessidade da ética e se impõe a responsabilidade. A ética se torna inevitável... Como presença consciente no mundo não posso escapar à responsabilidade ética no meu mover-me no mundo. (Freire, 1997, p.20-1)

Ética, portanto, inerente ao existir do ser humano. A consciência radical de sua inconclusão faz de homens e mulheres seres éticos, seres de opção, decisão, liberdade e responsabilidade. Para Freire (1993c, p.91)

> a ética ou a qualidade ética da prática educativa libertadora vem das entranhas mesmas do fenômeno humano, da *natureza* humana constituindo-se na História, como *vocação* para o ser mais. Trabalhar contra essa vocação é trair a razão de ser de nossa *presença* no mundo, que terminamos por alongar em *presença com* o mundo. A exploração e a dominação dos seres humanos, como indivíduos e como classes, negados no seu direito de *estar sendo*, é imoralidade[6] das mais gritantes.

*Ética universal do ser humano* que tem como princípio fundamental *a vida*. Ética que pressupõe uma luta pelos direitos do ser humano de viver com dignidade e liberdade.

---

6 Imoralidade que tem o sentido de negação da pessoa humana e de suas ações éticas e políticas como sujeito. Imoral para Freire (1993c, p.92) consiste em toda forma de dominação e exploração humana. Imoral é a "dominação econômica e sexual", o "racismo", a "violência dos mais fortes sobre os mais fracos" e o "mando das classes dominantes de uma sociedade sobre a totalidade de outra, que deles se torna puro objeto, com sua maior ou menor dose de conivência".

Para Freire (2000, p.133)

Aceitar o sonho do mundo melhor e a ele aderir é aceitar entrar no processo de criá-lo. Processo de luta profundamente ancorado na ética. De luta contra qualquer tipo de violência. De violência contra a vida das árvores, dos rios, dos peixes, das montanhas, das cidades, das marcas físicas de memórias culturais e históricas. De violência contra os fracos, os indefesos, contra as minorias ofendidas. De violência contra os discriminados não importa a razão da discriminação. Da luta contra a impunidade que estimula o momento entre nós o crime, o abuso, o desrespeito aos mais fracos, o desrespeito ostensivo à vida.

*Ética universal do ser humano* comprometida com os excluídos, os oprimidos, "os condenados da terra", fundamentada no respeito às diferenças. Ética que condena a exploração, a discriminação de homens e mulheres e o desrespeito à vida humana.

Para Freire (2000, p.129), faz parte do domínio da ética universal do ser humano

a luta em favor dos famintos e destroçados nordestinos, vítimas não só das secas, mas, sobretudo, da malvadez, da gulodice, da insensatez dos poderosos, quanto a briga em favor dos direitos humanos, onde quer que ela se trave. Do direito de ir e vir, do direito de comer, de vestir, de dizer a palavra, de amar, de escolher, de estudar, de trabalhar. Do direito de crer e de não crer, do direito à segurança e à paz.

*Ética universal do ser humano* que pressupõe novos valores gestados não em práticas sociais individualistas, como na "ética do mercado", mas em experiências de solidariedade e ações coletivas dialógicas.

Afirma Freire (1997, p.67) que

a dialogicidade verdadeira, em que os sujeitos dialógicos aprendem e crescem na diferença, sobretudo, no respeito a ela, é a forma de estar sendo coerentemente exigida por seres que, inacabados, assumindo-se como tais, se tornam radicalmente éticos.

*Ética universal do ser humano* inseparável da prática educativa. Na visão de Freire (1997, p.72-3) "a prática docente, especificamente humana, é profundamente formadora, por isso, ética". Os/as educadores/as têm de lutar pela ética vivendo-a em sua prática educativa, na maneira de lidar com o conteúdo e na forma de relacionar-se com os discentes.

A educação, portanto, não pode ser treinamento técnico, mas formadora, sendo os conteúdos relacionados à formação moral dos educandos. "Educar é substancialmente formar" (ibidem, p.37).

Um dever ético do/a professor/a como sujeito de uma prática educativa é o respeito à autonomia, à dignidade e às diferenças de ideias e de posições de seus educandos e educandas.

> O que se exige eticamente de educadoras e educadores progressistas é que, coerentes com seu sonho democrático, respeitem os educandos e jamais, por isso mesmo, os manipulem. (Freire, 1993a, p.80)

> O respeito à autonomia e à dignidade de cada um é um imperativo ético e não um favor que podemos ou não conceder uns aos outros ... O [a] professor [a] que desrespeita a curiosidade do [a] educando[a], o seu gosto estético, a sua inquietude, a sua linguagem, mais precisamente, a sua sintaxe e a sua prosódia; o [a] professor [a] que ironiza o [a] aluno [a], que o [a] minimiza, que manda que "ele [ela] se ponha em seu lugar" ao mais tênue sinal de sua rebeldia legítima, tanto quanto o [a] professor [a] que se exime ao cumprimento de seu dever de propor limites à liberdade do [a] aluno [a], que se furta ao dever de ensinar, de estar respeitosamente presente à experiência formadora do [a] educando[a], transgride os princípios fundamentalmente éticos de nossa existência. (Freire, 1997, p.66)

Constitui, também, dever ético dos docentes a luta em defesa de seus direitos e de sua dignidade como pessoa e educador/a. Valorizar os docentes para Freire (2001, p.228) "não é só uma obrigação ética, mas sim uma obrigação política que se fundamenta na ética".

Ivanilde Apoluceno de Oliveira

Enfim, constitui uma das tarefas da pedagogia crítica libertadora "trabalhar a legitimidade do sonho ético-político da superação da realidade injusta" (Freire, 2000, p.43).

Diante da moral que vivenciamos em nossa sociedade globalizada e da existência de "excluídos" em nosso sistema social, a educação não pode deixar de ser crítica e cabe a nós educadores assumirmos o compromisso ético e a decisão política de uma educação crítica e humanizadora.

A luta pela libertação dos excluídos, dos oprimidos do sistema social e educacional pressupõe uma responsabilidade ética, histórico-política, em relação ao Outro, que implica *criticidade*, *opção* e *decisão*, e que não pode deixar de estar presente tanto na formação quanto na prática pedagógica de educadores/as. Como nos diz Freire (2000, p.67):

> Se estamos a favor da vida e não da morte, da equidade e não da injustiça, do direito e não do arbítrio, da convivência com o diferente e não de sua negação, não temos outro caminho senão viver plenamente a nossa opção. Encarná-la diminuindo assim a distância entre o que fizemos e o que fazemos.

Educação ético-crítica compreendida como necessidade política e histórica, que pressupõe o debate teórico sobre a exclusão socioeducacional e o desenvolvimento de práticas pedagógicas críticas e dialógicas. Educação comprometida ética e politicamente com a luta pela superação da discriminação e da exclusão na sociedade e na escola. Educação da pessoa humana, como indivíduo, cidadão e profissional, objetivando uma vivência social mais humana, justa e solidária.

> Prática educativa progressista ... é a que se funda no respeito democrático ao[a] educador[a] como um dos sujeitos do processo, é a que tem no ato de ensinar-aprender um momento curioso e criador em que os educadores [e educadoras] reconhecem e refazem conhecimentos antes sabidos e os[as] educandos[as] se apropriam, produzem o ainda não sabido. É a que desoculta verdades em lugar de escondê-las. É a que estimula a boniteza da *pureza*

como virtude e se bate contra o puritanismo enquanto negação da virtude. (Freire, 2001, p.159).

Educação ético-crítica que deve considerar a relação inter-subjetiva no processo educativo, a interação de alteridade entre o "Eu" e o "Outro", que significa superar a formação tradicional de "escuta", dos "conteúdos", das "respostas prontas", para uma educação, na perspectiva freireana, "dialógica", da "pergunta", da "problematização", da "reflexão crítica sobre a realidade social", da autonomia dos atores educacionais, da "valorização das experiências de vida e da pessoa humana" (alunos/as e professores/as).

# Um olhar freireano sobre a problemática da exclusão social de pessoas com necessidades especiais

> A denúncia e o anúncio criticamente feitos no processo de leitura do mundo dão origem ao sonho porque lutamos. Este sonho ou projeto que vai sendo perfilado no processo de análise crítica da realidade que denunciamos está para a prática transformadora da sociedade como o desenho da peça que o operário vai produzir e que tem em sua cabeça antes de fazê-la está para a produção da peça.
> (Paulo Freire, 2000, p.42-3)

Paulo Freire construiu em seu pensamento educacional um arcabouço teórico que passa pela antropologia, pela epistemologia, pela ética e pela política, tendo como eixo principal a questão da exclusão social e educacional de crianças, jovens e adultos seja por diferença de classe (pertencerem às classes populares), seja por etnia (serem de raça negra, imigrante etc.), seja por gênero (serem mulheres), seja por capacidades (pessoas que apresentam comprometimento auditivo, visual, mental, físico ou múltiplos).

Ao falar dos "oprimidos", dos "condenados da terra", dos "esfarrapados do mundo", fala dos pobres e de pessoas discriminadas e excluídas de diversos grupos sociais. Por meio da categoria "oprimido", Freire – assim como Dussel, por meio de sua categoria de "vítima" – possibilita uma análise dessa problemática com um horizonte mais amplo do que o restrito a classe, gênero e etnia presente nos debates atuais sobre a exclusão social e especificamente no debate sobre o multiculturalismo. Nesse debate, o trato teórico sobre a exclusão social pela diferença não inclui as pessoas com necessidades especiais. McLaren, na sua compreensão de multiculturalismo crítico, não problematiza a exclusão dessas pessoas como representações sociais e culturais de discriminação em torno de sua diferença como pessoa que apresenta comprometimentos físicos ou mentais, reduzindo o problema de sua exclusão a fatores étnicos, de classe e de gênero.

> Uma grande proporção de pessoas negras e latinas é enquadrada por suas características "comportamentais" enquanto estudantes de classe média brancos, na maioria das vezes, o confortante rótulo de "dificuldade de aprendizagem". (McLaren, 1997, p.131)

McLaren, ao não problematizar a diferença de capacidades, a meu ver, contradiz o conceito de multiculturalismo crítico que defende, o de serem as diferenças "produzidas de acordo com a produção ideológica e a recepção de signos culturais" (Ebert apud McLaren, 1997, p.131). Isso não significa que as pessoas que apresentam necessidades especiais não sejam discriminadas por fatores de classe ou etnia, mas o que considero relevante é a compreensão da "diferença de capacidades" como uma questão política e cultural. A questão não é saber se a discriminação dessas pessoas foi feita por serem mulheres ou por serem "pessoas" com "limitações", mas sim que ambos são fatores de discriminação e que a "diferença de capacidades" é uma problemática cultural que precisa ser pensada em conjunto com as demais diferenças étnicas, de classe e de gênero no contexto social e educacional.

O diálogo estabelecido entre Macedo – "as diferentes localizações históricas de opressão necessitam de uma análise específica com um foco diferente e único" – e Freire – "precisamos criar estruturas de lutas coletivas" – nos coloca diante da necessidade de levar-se em consideração a multiplicidade de experiências opressivas para que possam ser criadas estruturas coletivas de libertação, na busca de superação de todas as formas de opressão (Freire & Macedo, 1998, p.208).

Oprimidos são homens e mulheres que o sistema social não permite serem sujeitos do conhecimento, da história e da cultura. Nessa perspectiva, por serem as pessoas com necessidades especiais "oprimidas" no sistema social e educacional, considero a diferença de "capacidades", junto com a de "classe", "gênero" e "etnia", situada no contexto dos oprimidos freireanos.

Assim, os pressupostos que Freire utiliza para analisar o processo social e educacional constituem também bases teóricas para a análise da problemática ético-política da exclusão de crianças, jovens e adultos "oprimidos" na sociedade, e, por isso, são importantes para as ciências humanas em geral.

Focalizo, portanto, à luz do pensamento freireano, a problemática da exclusão das pessoas que apresentam necessidades especiais no contexto socioeducacional, apresentando primeiramente os aportes teóricos de sua concepção de "sujeito", a partir do qual delineia o movimento de construção de crítica (denúncia) e de possibilidade (anúncio) da transformação social.

## O significado de "sujeito"

Paulo Freire delineia sua concepção de sujeito mediante aportes teóricos: filosófico-antropológicos, epistemológicos e ético-políticos.

### Aporte filosófico-antropológico

O ser humano é um "ser de busca" e inacabado.

O inacabamento do ser ou sua inconclusão é próprio da experiência vital. Onde há vida, há inacabamento. Mas só entre mulheres e homens o inacabamento se tornou consciente. (Freire, 1997, p.55)

Ivanilde Apoluceno de Oliveira

A consciência do inacabamento o[s] insere num permanente movimento de busca a que se junta, necessariamente, a capacidade de intervenção no mundo. (Freire, 2000, p.119-20)

## Aporte epistemológico

O ser humano é um "corpo consciente", cuja consciência é "intencionada" ao mundo; para captá-lo, objetivá-lo e transformá-lo. O ser humano "está no mundo e com o mundo":

> A consciência do mundo e a consciência de si como ser inacabado necessariamente inscrevem o ser consciente de sua inconclusão num permanente movimento de busca ... É neste sentido que, para mulheres e homens, estar no mundo necessariamente significa estar com o mundo e com os outros. (Freire, 1997, p.64)

O ser humano é "sujeito gnosiológico", porque em suas relações uns com os outros *no* mundo e *com* o mundo conhecem e comunicam-se sobre o objeto conhecido. Nessa relação comunicativa, ensaiam a experiência de assumirem-se como seres sociais e históricos, como seres pensantes, comunicantes, transformadores, criadores e realizadores de sonhos. Assumirem-se como sujeitos implica a não negação ou exclusão do outro. Para Freire (1997, p.46), "a assunção de nós mesmos não significa a exclusão dos outros. É a 'outredade' do 'não eu' ou do 'tu', que me faz assumir a radicalidade de meu *eu*".

Há uma relativização do conhecimento por Freire, ao afirmar que ninguém sabe tudo e tampouco ninguém é ignorante de tudo, colocando o conhecimento num processo dialético e de constante superação. Considera que um dos temas fundamentais da etnociência é evitar a dicotomia entre os saberes popular e o erudito e que "o respeito a esses saberes se insere no horizonte maior em que eles se geram – o horizonte do contexto cultural que não pode ser entendido fora do seu corte de classe" (1993a, p.86). Para ele, a discussão entre os dois tipos de saber (científico e senso comum) implica o debate sobre prática e teoria que só podem ser compreendidas se percebidas e captadas em suas relações contraditórias. Nunca isoladas, cada uma em si mesma. Nem teoria só, nem prática só. Por isso é que estão erradas as posições de natureza político-ideológica sectárias, que, em lugar de entendê-las em sua relação contraditória exclusivizam uma ou outra. O basismo, negando a validade à teoria; o elitismo teoricista, negando validade à prática. A rigorosidade com que me aproximo dos objetos me proíbe de inclinar-me a qualquer destas posições: nem basismo nem elitismo, mas prática e teoria iluminando-se mutuamente. (1993b, p.124-5)

O ser humano é um "sujeito que se comunica e dialoga com o outro". Na visão de Freire, o diálogo e a comunicação são fatores primordiais da relação humana e a condição para o ser humano formar-se como pessoa. O diálogo é o momento em que homens e mulheres se encontram para refletir sobre sua realidade, sobre o que sabem e o que não sabem, para construírem novos saberes, como sujeitos conscientes e comunicativos que são. (Freire & Shor, 1986, p.123).

O diálogo deve ser entendido como algo que faz parte da própria natureza histórica dos seres humanos. É parte de nosso progresso histórico do caminho para nos tornarmos seres humanos. (ibidem, p.122)

Além da dimensão existencial, o diálogo em Freire apresenta um caráter ético-político, ao possibilitar ao outro, aos oprimidos, "dizerem sua palavra" expressando seu pensamento, suas opções e seu modo de ser.

Foi exatamente porque nos tornamos capazes de *dizer* o mundo, na medida em que o transformávamos, em que o reinventávamos, que terminamos por nos tornar ensinantes e aprendizes. Sujeitos de uma prática que se veio tornando política, gnosiológica, estética e ética. (Freire, 1993c, p.19)

## Aporte ético-político

Para Freire, mulheres e homens são "seres de relações", situados em um contexto histórico-social no qual estabelecem relações dialéticas com os outros seres, sendo capazes de intervir em sua própria realidade, transformando-a.

> O ser humano é, naturalmente, um ser da intervenção no mundo à razão de que faz a História. Nela, por isso mesmo, deve deixar suas marcas de sujeito e não pegadas de puro objeto... Só o ser inacabado, mas que chega a saber-se inacabado, faz a história em que socialmente se faz e refaz. (2000, p.119-20)

O ser humano é um "sujeito que pergunta e problematiza a realidade". O perguntar faz parte do processo de existir humano, sendo fundamental para a sua compreensão e formação. A *pergunta* como parte do existir humano está vinculada à curiosidade, à problematização de homens e mulheres sobre si mesmos e sobre a realidade social, à sua formação humana, ética e política e à relação dialógica entre os seres humanos. O ser humano, portanto, problematiza a si mesmo.

> Ao instalar-se na quase, senão trágica descoberta do seu pouco saber de si, se fazem problema a eles mesmos. Indagam. Respondem, e suas respostas os levam a novas perguntas. (Freire, 1983, p.29)

O ato de perguntar, instigado pela curiosidade eminentemente humana, faz parte da construção de sua autonomia, como sujeito.

> A curiosidade como inquietação indagadora, como inclinação ao desvelamento de algo, como pergunta verbalizada ou não, como procura de esclarecimento, como sinal de atenção que sugere alerta faz parte integrante do fenômeno vital. Não haverá criticidade sem a curiosidade que nos põe pacientemente impacientes diante

Leituras freireanas sobre educação

do mundo que não fizemos, acrescentando algo a ele que fazemos. (Freire, 1997, p.35)

O ser humano é um "sujeito histórico-social, ético, político e cultural". "Sujeito de escolhas (opções) e de decisões." Freire pressupõe que homens e mulheres possuem capacidade de pensar, de conjeturar, de criticar, de comparar, de escolher, de decidir, de projetar e sonhar uma nova sociedade. O ser humano consciente de seus condicionamentos sociais, mas não fatalisticamente submetido aos destinos estabelecidos, abre o caminho à sua intervenção no mundo. A escolha e a decisão são atos éticos do sujeito.

> Mulheres e homens, seres histórico-sociais, nos tornamos capazes de comparar, de valorar, de intervir, de escolher, de decidir, de romper, por tudo isso, nos fizemos seres éticos. (ibidem, p.36)

A história para Freire (2000, p.40) é um *processo dialético humano*, porque "não apenas temos história, mas fazemos a história que igualmente nos faz e que nos torna portando históricos" e de *possibilidade*, na medida em que considera a mudança difícil, mas possível.

> A História é tempo de possibilidade e não de determinações. E se é tempo de possibilidades, a primeira consequência que vem à tona é a de que a História não apenas é mas também demanda liberdade. Lutar por ela é uma forma possível de, inserindo-nos na História possível, nos fazer igualmente possíveis. (Freire, 1993c, p.35)

Na visão de Freire, a consciência crítica torna-se um processo *libertador*, pois exercitando a práxis (reflexão-ação), os seres humanos se descobrem como pessoas e, desse modo, o mundo, os homens e as mulheres, a cultura e o trabalho assumem o seu verdadeiro significado. O processo de desvelamento crítico da

55

realidade realizado entre mulheres e homens em sua relação de comunicação consiste na conscientização. Pelo exercício da práxis, homens e mulheres se descobrem pessoas situadas no mundo, como seres produtores da cultura e sujeitos da história.

Freire, portanto, pressupõe que uma educação crítica possibilita a homens e mulheres constatarem, refletirem e agirem concretamente sobre a realidade social injusta e excludente. A educação crítica viabiliza a compreensão e a luta pela libertação não só dos oprimidos, mas de todos os seres humanos. Essa conscientização e luta pela libertação se apresenta como uma opção ético-política.

> Daí, então, que a nossa presença no mundo, implicando escolha e decisão, não seja uma presença neutra. A capacidade de observar, de comparar, de avaliar para, decidindo, escolher, com o que, intervindo na vida da cidade, exercemos nossa cidadania, se erige então como uma competência fundamental. Se a minha não é uma presença neutra na história, devo assumir tão criticamente quanto possível sua politicidade. Se, na verdade, não estou no mundo para simplesmente a ele me adaptar, mas para transformá-lo; se não é possível mudá-lo sem um certo sonho ou projeto de mundo, devo usar toda possibilidade que tenha para não apenas falar de minha utopia, mas para participar de práticas com ela coerentes. (Freire, 2000, p.33)

Nesse processo histórico de formação do sujeito, o sonho e a esperança de modificação da sociedade são parte constitutiva. Para Freire, não há perspectiva de intervenção nem de mudança social sem um projeto, sem um sonho possível. "Não há mudança sem sonho como não há sonho sem esperança" (1993a, p.91).

Assim, o "sujeito" freireano está situado historicamente *no* mundo e *com* o mundo e, nessa relação com o mundo e com os outros seres humanos, conhece, forma-se como pessoa humana, problematiza e intervém na realidade social.

## A existência de oprimidos na sociedade

A partir dessa visão freireana de sujeito, podemos identificar na sociedade a existência de "oprimidos", de "não sujeitos" ou de "sujeitos negados" em sua condição de pessoa humana. As pessoas com necessidades especiais sofrem representações e práticas discriminatórias e excludentes no contexto social, que as inviabilizam de serem sujeitos. Referências socioculturais de discriminações são observadas na sociedade e na escola por meio:

1) *da terminologia*, sendo referidas essas pessoas como "inválidas", "deficientes", "inúteis", "anormais", "loucas", "incapazes" e "alunos(as) especiais";

2) do *espaço institucional* que atende essas pessoas, como "espaço de loucos", "escola para atrasados", "escola para retardados", "escola para excepcionais" e "classes especiais";

3) do *atendimento especializado* clínico e pautado em testes de inteligência – qi e laudos psicológicos –, que marcam essas pessoas como "diferentes" das demais consideradas normais. Diferença que apresenta um caráter negativo – de modo geral, associada à doença mental e à loucura – e axiológico, eminentemente maniqueísta. A normalidade com uma significação positiva: o correto, o bom e o belo em contraposição à anormalidade, cujos valores são representados negativamente, o incorreto, o mal e o feio.

Vygotsky (1989, p.9) chama a atenção para a consequência negativa dessas terminologias sobre os educandos e os educadores:

> o nome imprime aparentemente ao aluno o selo da menos valia ... A criança não quer ir à "escola para atrasados". A descida da posição social provocada pela "escola para atrasados" atua parcialmente também sobre os mestres, colocando-os aparentemente em uma posição inferior em comparação com os mestres da escola normal.

Os testes de inteligência e os laudos psicológicos têm se constituído em referenciais diagnósticos para classificação da criança "deficiente mental educável" e para o encaminhamento de crianças para classes especiais. Considera Mazzotta (1987, p.12) importante observar que

> as classificações utilizadas no sistema escolar contribuem para multiplicar as diferenças entre as crianças. Ainda mais, ao serem estabelecidas e interpretadas segundo uma hierarquização definida por um critério único, tais diferenças acabam sendo ignoradas ou até mesmo negadas em sua significação cultural.

Para Amaral (1998), os/as alunos/as especiais têm a marca da especialidade na escola e fora dos muros escolares. Os/as alunos/as da classe especial são estigmatizados/as em razão de sua incapacidade, de sua desvantagem perante os/as alunos/as considerados/as normais. Para ela,

> ser especial na escola é deixar de pertencer à "espécie" dos normais, a dos que, pressupostamente, aprendem ... Há um olhar patologizante e individualizado para aquele que não se encaixa, que não é normal ... A classe especial é um lugar de estagnação e de paralisia dos desejos, sendo que a marca do ser especial é a negação da própria individualidade... A classe especial é um espaço de desaparecimento. A criança é descaracterizada como aluno, aprendiz e indivíduo! (Amaral, 1998, p.4, 8, 14)

Um dado significativo é o número elevado de alunos/as das escolas públicas do Estado do Pará encaminhados com "suspeita de deficiência" para avaliação e triagem nas unidades especializadas do Estado, comparados com os que efetivamente apresentam necessidade da educação especial. Segundo dados da Secretaria da Educação do Estado do Pará (cf. Figueiredo et al., 1998, p.36), em 1997, foram encaminhados 7.471 discentes e somente 197 (2,7%) foram selecionados para os programas de educação especial.

Isso evidencia que as escolas estão distantes das problemáticas educacionais dos discentes que apresentam necessidades educacionais especiais. Os docentes não estão sabendo estabelecer distinção entre os/as alunos/as com problemas de aprendizagem, causados de modo geral, por fatores pedagógicos intra e extraescolares e os/as alunos/as com necessidades especiais.

Assim, a exclusão social e educacional está associada a essas representações que negam as potencialidades das pessoas com necessidades especiais como sujeitos. O olhar é para a sua "incapacidade" e não para as suas potencialidades, é para o indivíduo e não para a estrutura social e educacional excludente.

Entretanto, o reconhecimento de que essas pessoas são "sujeitos negados" possibilita a problematização e a denúncia do sistema excludente.

## A problematização e a denúncia da exclusão social

A sociedade e a escola apresentam uma estrutura conservadora pautada em modelos sociais de classe (a alta), de etnia (a branca), de gênero (masculino) e de capacidades (normal).[7]

A escola exclui:

1) pelo *não acesso*, ou seja, o não recebimento do/a aluno/a na escola, ou por um *acesso diferenciado* do ensino comum, em salas especiais;[8]

2) por problemas no *processo educativo*, ao trabalhar com uma educação que Freire denomina "bancária". Educação "conteudista" e da "resposta" caracterizada como processo de "transmissão" mecânica e de memorização do conhecimento *depositado* pelo/a professor/a ao/a aluno/a. Educação como "ato de depositar, de transferir valores e conhecimentos", sendo os/as educandos/as os/as "depositários/as" e o/a educador/a o/a

---

7 A normalidade é estabelecida com base em um referencial dado em um sistema social, como algo natural, legítimo e verdadeiro. Um dos referenciais de normalidade é o orgânico, pautado em uma visão de organização funcional do corpo comum a todos os seres humanos.

8 A separação entre classes especiais e classes comuns na escola contribui para a discriminação tanto de alunos/as que apresentam necessidades educacionais especiais como de professores/as que trabalham no ensino especial.

"depositante". O/a professor/a transmite aos/às alunos/as os conteúdos prontos e acabados.

Educação centralizada no saber erudito/científico, desvinculada dos saberes e experiências da vida dos discentes. Educação que minimiza a ação dos educandos no processo de conhecimento, como sujeitos. Educação conservadora, neutra e autoritária, porque não trabalha com a criticidade e o processo dialógico na educação, contribuindo para a "domesticação" e a "alienação" de homens e mulheres; contribuindo ainda para a reprodução de valores e representações tradicionais excludentes e para a manutenção das contradições sociais.

3) por *mecanismos excludentes de controle e avaliação*. As representações discriminatórias são materializadas em práticas excludentes de reprovação, retenção e evasão (expulsão) de alunos/as que fogem ao padrão do/a aluno/a ideal, ou seja, o discente que apresenta capacidade cognitiva, lógica, criativa, disciplinar, entre outras.

A conscientização de que a sociedade e a educação excluem, *como* excluem, *por que* excluem e a *quem* excluem pressupõe o "anúncio" de um projeto de transformação da sociedade, de cujo processo a educação faz parte, e de um processo de luta ético-política pela libertação dos oprimidos. A conscientização da exclusão aponta para a necessidade de a sociedade e a escola serem transformadas.

## O anúncio da mudança social

Freire anuncia uma *sociedade/educação direcionada à vida, e à valorização da pessoa humana*, como sujeito de busca, de opções e de decisões.

> O meu discurso em favor do sonho, da utopia, da liberdade, da democracia é o discurso de quem recusa a acomodação e não deixa morrer em si o gosto de ser gente, que o fatalismo deteriora. (Freire, 2001, p.86)

Freire anuncia uma *sociedade/educação problematizadora da realidade social*, em que se estimule o diálogo, a curiosidade e o ato de perguntar. Uma educação que se desenvolva como uma ação de comunicação entre os sujeitos, possibilitando a articulação entre os saberes e a convivência ética com a diferença.

> Uma educação de perguntas é a única educação criativa e apta a estimular a capacidade humana de assombrar-se, de responder a seu assombro e resolver seus verdadeiros problemas essenciais, existenciais. E o próprio conhecimento. (Freire & Faundez, 1985, p.52)

Freire anuncia, enfim, uma *sociedade/educação crítica*, em que se lute para e se provoque a esperança da transformação social, visando à superação das injustiças e da exclusão social. Educação compromissada com o sonho político de uma sociedade democrática e fundamentada em práticas, lutas e em ações sociais e educacionais concretas. Assim, uma das tarefas da pedagogia crítica libertadora

> é trabalhar contra a força da ideologia fatalista dominante, que estimula a imobilidade dos oprimidos e sua acomodação à realidade injusta, necessária ao movimento dos dominadores. (Freire, 2000, p.43)

Freire, então, por meio de suas reflexões sobre a sociedade e a educação desenvolve um movimento crítico de caráter ético--político que passa pela problematização e pela denúncia da exclusão e vai ao anúncio da transformação social, tendo como suporte uma concepção dialética de ser humano, de história e de sociedade.

Apesar de seu olhar estar direcionado para o processo educacional em um determinado contexto social, Freire, por meio de seus aportes teóricos, nos coloca diante de algumas questões de interesse das diversas ciências humanas: a problemática epistemológica da relação entre os saberes (científico e do senso comum); a relação de poder na estrutura social capitalista; a problemática ético-política da diferença cultural e da exclusão e da desigualdade social; a questão da alteridade e das relações inter-subjetivas no contexto social; a instrumentalização teórico-metodológica para a análise dos problemas sociais, entre outras.

Da Pedagogia do Oprimido à Pedagogia dos Sonhos Possíveis, Paulo Freire mantém viva a indignação diante da desigualdade e da injustiça social e o sonho utópico da transformação, provocando-nos a refletir criticamente sobre a realidade social atual.

## Novas ou velhas questões na educação popular?

> O exercício de pensar o tempo, de pensar
> a técnica, de pensar o conhecimento enquanto
> se conhece, de pensar o quê das coisas, o para quê, o
> como, o em favor de quê, de quem, o contra
> quê, o contra quem, são exigências fundamentais
> de uma educação democrática à altura
> dos desafios do nosso tempo.
> (Paulo Freire 2000, p.102)

Algumas questões sobre a educação popular foram levantadas, recentemente, em cursos de formação de educadores, em Belém do Pará: por que não se fala mais de educação popular? A educação popular acabou? Faz sentido, ainda, falar-se em educação popular?

Esse interrogar sobre a ausência do discurso da educação popular, no meio educacional, nos motivou a elaborar uma análise sobre a educação popular, focalizando o olhar para o pensamento educacional de Paulo Freire.

### Novas ou velhas questões?

Nos anos 1990 a 2000, encontramos um cenário mundial caracterizado pela globalização da economia e pelo desenvolvimento de uma política neoliberal acirrando as contradições do capitalismo.

Mejia (1994, p.60) explica que há uma "crise política" caracterizada pelo "desgaste do pensamento crítico para afrontar o novo capitalismo" e que se faz visível:

- *pela quebra da tradição lenilista*, produzindo uma mudança nos princípios, modelos e ações das lutas coletivas, caindo, também, a ideia de vanguarda, como consciência externa capaz de conduzir as massas para o processo de transformação social;
- *pela atomização dos atores*, desaparecendo o sujeito único (o intelectual orgânico), portador de consciência e responsável pela construção de sociedades novas, surgindo diferentes agentes de resistência, o que provoca a necessidade de repensar as representações coletivas;
- *pelas relações de poder não centralizadas na produção*. Os novos fenômenos do conhecimento levam à constituição de novos espaços de dominação, que não se esgotam nas relações de produção;
- *pelo abandono da revolução*. A ideia de transformação social como momento de mudança radical começa a dissolver-se perante a queda do socialismo real, surgindo uma ideia de protesto diferenciada, descontínua e plural;
- *pelo abandono das utopias e da linguagem crítica*. A ideia de revolução utópica vem sendo substituída pelo cotidiano e as expressões críticas vão sendo substituídas pelo possível, pelas ações concretas, pelo praticável;
- *pelas crises no projeto de transformação*. O chamado para a transformação social vem sendo substituído por uma apatia generalizada, existindo pouca credibilidade tanto nos seus promotores como nas ideias de mudança social, assim como as possibilidades de lutas sociais, de participação e a vinculação das pessoas às organizações. Há uma tendência de recolher-se à esfera da privacidade e da individualidade;
- *pelos movimentos com reivindicações pós-materialistas*. Surgem novas práticas de mobilização social caracterizadas por

movimentos de resistências sociais cotidianas efetivados por diferentes atores ou grupos sociais.

Na opinião de Mejia, não existem certezas para os novos caminhos nem segurança nos passos a serem percorridos. Aventurar-se em uma ideia de transformação significa, antes de tudo, a capacidade de gerarem-se novas práticas coletivas que requerem, hoje, outras condições e outras leituras. Para Mejia (1994, p.67), precisamos buscar um "novo sentido social dos conflitos onde seja possível uma nova mediação e articulação interessada no público, visando encontrar uma expressão para o coletivo excluído, mais além dos simples interesses partidários".

Novas leituras que estão, também, sendo exigidas no campo teórico-prático da educação popular, tais como: a mudança de análise das estruturas sociais para os problemas da vida cotidiana; a ampliação do campo da educação especial da alfabetização de adultos para problemas gerais da educação; a perspectiva da criação de uma escola pública popular e de uma prática educativa participativa, dialógica e interativa com as experiências cotidianas dos grupos sociais.

Essas novas exigências nos fazem refletir sobre a educação popular na perspectiva freireana.

A educação popular surge, no Brasil, na década de 1960, inserida num contexto histórico de contradições de classes, de lutas e resistências populares contra a opressão e a alienação de uma cultura dominante sobre a cultura popular. E, nesse processo de resistência, situa-se a problemática da democratização do ensino público, ou seja, do acesso ao sistema escolar e da permanência nele pelas camadas populares.

Momento em que Paulo Freire, em sua práxis educacional, dimensionou a ação pedagógica como política e problematizou o sistema educacional e a própria escola, quanto a conteúdo, método, relação professor-aluno etc. Período de conquista de novos espaços, por meio de uma *ação cultural*, exercida pelas classes populares nos seus movimentos e experiências educativas. Os movimentos sociais eram vistos como educativos ao articular a oralidade e a escrita, o fazer e o pensar.

Para Brandão (1984a, p.69)

um movimento revolucionário de educadores surgia contra a educação institucionalizada e constituída oficialmente, seja como sistema escolar seriado, seja como educação não formal de adultos. Emergia como proposta de reescrever a prática pedagógica do ato de ensinar e aprender, e surgia para repensar o sentido político do lugar da educação.

A educação popular, na perspectiva freireana, é aquela que possibilita que as classes populares participem da produção do conhecimento, o que implica uma compreensão de democratização não apenas pelo acesso à escola, como um direito básico, mas que as classes populares sejam efetivamente participantes do processo de construção do saber e da escola.

Educação popular *com* as classes populares significa superar a unilateralidade presente na estrutura educacional, que por sua vez tem origem na estrutura socioeconômica, pela divisão do trabalho, para uma ação, na qual o saber e o fazer, a cultura, das camadas populares e dos intelectuais, sejam parte de um mesmo processo, na busca de uma síntese dialética.

Freire & Nogueira (1989, p.62) enfatizam que as propostas de mudanças na sociedade brasileira são oriundas dos movimentos de educação popular na busca de "reverter a educação", objetivando inovar e universalizar os caminhos de acesso ao conhecimento. Para eles, "a educação popular nascia não apenas da cultura de livros ou de museus; ela nascia da cultura que os movimentos populares usam e criam em suas lutas". Sendo assim, a luta popular de resistência, na busca das soluções das necessidades básicas, vividas no cotidiano, engendra um saber e um fazer popular, o qual constitui o suporte teórico da educação popular.

A educação popular, à luz do pensamento de Paulo Freire, é considerada uma ação de reivindicação, de luta e de resistência à marginalização do ensino que as camadas populares sofrem no contexto socioeducacional e teoricamente continua sendo posta como uma questão de base para as transformações da educação brasileira.

A educação popular em Freire está relacionada: a uma *prática política*; a uma *transformação* (não apenas de pessoas, mas da própria sociedade); a uma *organização e mobilização social* e a um *"saber sistematizado no interior de um saber fazer próximo aos grupos populares".* (Freire & Nogueira, 1989, p.19) Freire não nega o saber escolar e sua importância política para as classes populares, mas, sobretudo, tenta articular, com esse saber, o saber produzido pelas classes populares, procurando articular dialeticamente o saber fazer dos intelectuais e o saber fazer das massas populares.

Mediante sua educação *ético-humanista-libertadora*, Freire pretende a humanização de homens e mulheres, na medida em que rejeita toda forma de manipulação humana, estabelecendo como tarefa da ação pedagógica denunciar a opressão, a alienação e os discursos ideológicos, anunciar um novo discurso e efetivar concretamente novas práticas libertadoras e includentes.

Ele, então, propõe uma educação de *Mudança* e de *Esperança*, compromissada com o *sonho político* de uma educação democrática e fundamentada em práticas, em lutas e em ações educativas concretas; uma educação *Dialógica* e da *Pergunta*, que problematiza a realidade social, estimulando o diálogo, a curiosidade e o ato de perguntar, e uma educação de *Autonomia* centrada em experiências estimuladoras da decisão e da responsabilidade, ou seja, em experiências de liberdade. Pedagogia na qual tanto os/as professores/as como os/as alunos/as devem ser "sujeitos cognitivos e críticos" do ato de conhecer.

Essa educação humanista, problematizadora e dialógica de Freire está muito próxima do que se denomina hoje *novos paradigmas educacionais* pelos seguintes aspectos:

1) *relativiza a escola* como espaço de aquisição de conhecimentos e o *saber escolar*, ao valorizar a experiência vivida pelo/a aluno/a no cotidiano social;

2) compreende o *ensino voltado à formação humana no social* e *na escola* como parte das ações concretas sociais;

3) *busca o desenvolvimento integral do indivíduo:* o racional, o intuitivo, o afetivo, o sensitivo, o ético e o político;

4) vê a *educação como processo existencial-ético-político,* relacionando o individual e o social;

5) compreende o *ensino como problematização da realidade social,* sendo importante o perguntar, o provocar da dúvida em vez da transmissão das certezas e respostas prontas;

6) trabalha a *educação da perspectiva da interdisciplinaridade e da multiculturalidade.* Educação construída em torno de eixos temáticos articulados ao contexto cultural e que respeita as diferenças e os saberes de alunos/as.

Por conseguinte, a educação popular na perspectiva freireana não está adormecida nem esquecida, ela continua presente como movimento político de crítica ao modelo econômico, político e educacional atual. Ela não deixa de estar presente na educação brasileira, porque problematiza a sociedade excludente atual.

Contra o discurso neoliberal fatalista e imobilizante Freire nos convida a pensar crítica e dialeticamente sobre a realidade e os conflitos sociais:

a ideologia fatalista, imobilizante, que anima o discurso neoliberal anda solta no mundo. Com ares de pós-modernidade, insiste em convencer-nos de que nada podemos contra a realidade social que, de histórica e cultural, passa a ser ou a virar "quase natural". Frases como "a realidade é assim mesmo, que podemos fazer?" ou "o desemprego no mundo é uma fatalidade do fim do século" expressam bem o fatalismo desta ideologia e sua indiscutível vontade imobilizadora. (1997, p.21-2)

Os discursos neoliberais, cheios de "modernidade", não têm a força suficiente para acabar com as classes sociais e decretar a inexistência de interesses antagônicos entre elas, como não têm forças para acabar com os conflitos e a luta entre elas. (1993a, p.93)

O que a pós-modernidade progressista nos coloca é a compreensão realmente dialética da confrontação e dos conflitos. (1993b, p.14)

Pensar a educação popular no contexto progressista contemporâneo significa enfrentar novos desafios, passando por um estudo teórico, como o pensamento educacional de Paulo Freire, e pela reflexão sobre a prática cotidiana das experiências educativas populares, considerando que a educação popular "é um processo permanente de teorização sobre a prática, que por sua vez se insere em um processo mais geral, que é o avanço histórico do movimento popular" (Jara, 1994, p.105). Também significa reconhecer que:

> Nos mais diversos lugares da América Latina têm-se constituído muitas práticas dinâmicas, consequentes e eficazes de acompanhamento aos processos populares, trabalhando em função de compreender e transformar a própria realidade com uma metodologia essencialmente democrática e dialética e com uma pedagogia dialogal, participativa, criadora e libertadora das potencialidades das pessoas ... Este é um momento de confrontação de velhas e novas concepções, junto com o afã de ir construindo a sociedade a partir da identificação e da resolução dos problemas reais da sociedade e dos sujeitos sociais, o qual supõe identificar as potencialidades presentes nestes processos. (Jara, 1994, p.77-8)

Novos desafios que implicam, sobretudo, o reconhecimento do legado de Paulo Freire, reafirmado em sua Pedagogia da Esperança, da Indignação e dos Sonhos Possíveis, de permanente vigilância sobre a "complexidade dos problemas e da magnitude dos desafios colocados pelo atual contexto sócio-histórico (Souza & Calado, 1998, p.30). Vigilância que será mantida se tivermos sempre viva na memória e em nossas práticas educativas as palavras de Freire:

> em lugar da decretação de uma nova História sem classes, sem ideologia, sem luta, sem utopia, e sem o sonho, o que a cotidianidade mundial nega contundentemente, o que temos a fazer é repor o ser humano que atua, que pensa, que fala, que sonha, que ama, que odeia, que cria e recria, que sabe e que ignora, que se afirma e que se nega, que constrói e destrói, que é tanto o que herda quanto o

que adquire, no centro de nossas preocupações. Restaurar assim a significação profunda da radicalidade. (1993b, p.14)

O pensamento educacional de Paulo Freire permanece atual, pois nos leva à indignação perante as injustiças sociais, à crítica aos discursos ideológicos fatalistas e imobilizantes, como o neoliberal, que imobiliza o sonho, a utopia e a história, e instiga-nos, também, à reflexão sobre a práxis educativa cotidiana na educação, que são os principais caminhos para o enfrentamento dos desafios da educação popular no contexto contemporâneo.

# 2
# Práticas pedagógicas

## Reflexões sobre uma experiência
## educativa popular freireana

> A leitura crítica do mundo é um que-
> -fazer pedagógico-político indicotomizável
> do que-fazer político-pedagógico, isto é, da ação
> política que envolve a organização dos grupos
> e das classes populares para intervir
> na reinvenção da sociedade.
>
> (Paulo Freire, 2000, p.42)

Nestas reflexões[1] relato a experiência de uma escola confessional, localizada em bairro periférico de Belém do Pará, no desenvolvimento de um projeto de educação com crianças das classes populares,[2] na faixa etária dos quatro e meio aos seis anos, no período de 1989 a 1993, tendo como pressupostos teóricos a

---

1 Utilizo dados de minha dissertação de mestrado intitulada *A interação entre os saberes na prática educativa popular: estudo de uma experiência escolar* (1994).

2 O projeto, no turno da tarde, atendeu 362 crianças, desenvolvendo também atividades educativas com os pais, incluindo visitas às famílias. No ano de 1991 foram realizadas palestras e curso de educação de adultos para os pais e a comunidade do bairro.

pedagogia de Paulo Freire. Experiência que acompanhei assessorando o corpo docente e administrativo da escola na elaboração e execução de seu projeto educativo.

O meu primeiro olhar é para o caminhar "coletivo-dialógico" do fazer pedagógico das professoras e para a formação docente em processo, realizados de forma concomitante ao desenvolvimento do projeto educativo da escola. Processo de formação docente constituído pela execução de cursos e oficinas pedagógicas e pela "reflexão-ação", ou seja, reflexões sobre as atividades cotidianas de planejamento, ações pedagógicas e avaliações, constitutivas do desenvolvimento do projeto educativo da escola.

O segundo, para a interação entre os saberes, objetivando verificar, na prática pedagógica da escola, a existência de uma interação entre o saber erudito e o saber popular e quais os elementos que indicam essa interação, identificando-a como uma prática de educação popular. Isso porque considero que, no campo simbólico, gnosiológico e político, é que a educação, numa perspectiva freireana popular, alicerça as suas bases teóricas e atua na prática.

Educação popular escolar que na visão de Freire emerge como movimento de luta, de resistência ao instituído e vinculada a um compromisso político com as classes populares. E, como crítica ao instituído, apresenta propostas de mudanças para "reverter a educação", "reinventar a escola", o que implica repensar novas formas simbólicas de relacionamento social nas práticas educativas, que passam pela redefinição do papel dos/as professores/as e dos/as alunos/as, pela articulação entre o saber escolar e o saber popular, pela operacionalização de práticas sociais democráticas, entre outras.

O terceiro, para "A educação de adultos e o desenvolvimento escolar da criança: uma ação integrada de pesquisa", realizada nessa mesma escola, em 1991, e que contou com a participação de duas pesquisadoras e quatro estagiários[3] do Curso de Peda-

---

3 Pesquisadoras: Ivanilde Apoluceno de Oliveira e Madeleine Barreto dos Santos. Estagiários/as: Eliana Ecila Gomes e Silva, José Maria Lima Pessoa, Lilian das Graças Penna de Carvalho Campos e Maria Amélia de Melo Monteiro.

Leituras freireanas sobre educação

gogia da Unespa, atual Universidade da Amazônia, financiadora da pesquisa.

Nessa pesquisa, investigaram-se as interferências de adultos, em processo de alfabetização, no aproveitamento escolar das crianças. Procurou-se, ainda, identificar as especificidades pedagógicas da educação de jovens e adultos.

## Formação docente construída em um fazer pedagógico "coletivo-dialógico"

> Mulheres e homens, somos os únicos seres que, social e historicamente, nos tornamos capazes de *apreender*. Por isso, somos os únicos em que *aprender* é uma aventura criadora, algo, por isso mesmo, muito mais rico do que meramente repetir a *lição dada*. Aprender para nós é construir, reconstruir, constatar para mudar, o que não se faz sem a abertura ao risco e à aventura do espírito.
> (Paulo Freire, 1997, p.77)

## A construção "coletivo-dialógica" do projeto educativo da escola

Em conjunto, os atores educativos[4] buscaram delinear todos os caminhos percorridos no projeto educativo da escola, as diretrizes filosófico-pedagógicas, os objetivos e as atividades desenvolvidas. O planejamento do projeto educativo da escola foi

---

4 Constituídos pela direção, professoras da escola, assessora e pais. Houve envolvimento dos pais por meio de reuniões periódicas de socialização das atividades pedagógicas e administrativas da escola.

feito inicialmente com a realização de cursos e de oficinas,[5] envolvendo diversos temas: "O pensamento educativo de Paulo Freire", "Psicologia da criança", "Arte-educação" e "Alfabetização", entre outros, objetivando fundamentar teoricamente as professoras sobre a pedagogia freireana, conhecer a criança e o seu universo social e infantil, a aprendizagem de atividades específicas da alfabetização, bem como recreativas e artísticas da pré-escola. Após esses estudos, os atores, tendo como pressupostos as ideias educacionais de Paulo Freire, definiram:

I. *Os princípios educacionais do projeto.* A concepção de educação proposta no projeto é a de uma educação humanista, crítica e libertadora.

*Humanista,* considerando-se, na perspectiva de Freire, que o ser humano se relaciona histórica, social e politicamente com o mundo, no qual homens e mulheres têm um papel de sujeitos do conhecimento e da ação, são capazes de conhecer e transformar a realidade social, constituindo-se em seres culturais, políticos e educacionais.

Educação como *processo de libertação do ser humano,* "educação na e para a justiça, educação como processo de formação de consciência crítica, educação como processo dialogal e de participação" (Oliveira, 1994, p.145). Educação que pressupõe a educabilidade humana dimensionada pela ação coletiva, de participação e dialogicidade. Participação que se consolida pela amorosidade, união e solidariedade humanas e apresenta, no contexto socioeducacional, aspectos políticos, morais e comunitários.

Educação vinculada a um *processo de transformação social,* que parte, consequentemente, da crítica a uma realidade socioeducacional, caracterizada pela divisão de classes sociais, pela injustiça social, pelo individualismo e pela unilateralidade nas ações produtivas, políticas e educacionais, visando à construção de novas relações sociais e educacionais fundamentadas no coletivo, na participação, na amorosidade e na dialogicidade.

---

5 Esses cursos/oficinas foram oferecidos não somente na etapa inicial, mas sistematicamente no processo de planejamento e de execução das atividades educativas da escola.

Educação como formação de uma consciência crítica e como um processo *libertador*. Pelo processo educativo, podemos aprender como nos libertar pela luta política na sociedade. O trabalho educativo consiste em desmitificar as ideologias que ocultam a verdadeira realidade para o ser humano poder transformá-la. Segundo Freire, a constatação de uma realidade social de classe injusta faz que homens e mulheres lutem pela transformação do mundo, para que seja mais justo e solidário. Essa luta pela libertação dos seres humanos oprimidos é uma questão ético-política e educacional.

> mudar o mundo é tão difícil quanto possível. É a relação entre a dificuldade e a possibilidade de mudar o mundo que coloca a questão da importância do papel da consciência na história, a questão da decisão, da opção, a questão da ética e da educação e de seus limites. (Freire, 2000, p.39)

Essa humanização de caráter ético-político e as categorias "amor", "diálogo" e "autonomia" fundamentam o projeto educativo da escola, sendo constitutivas também do processo de formação docente.

Freire estabelece a relação amorosa e dialógica como uma ação entre os sujeitos, vinculada à busca crítica do conhecimento e à esperança da transformação do ser humano e da sociedade:

> O amor é uma intercomunicação íntima de duas consciências que se respeitam ... O amor é uma tarefa do sujeito ... Não se poderia buscar sem esperança. (1981, p.28-30)

A escola, em seu projeto, propôs desenvolver uma *educação dialógica,* visando estabelecer no processo educativo uma relação democrática, diferenciada da tradicional e que passa, também, pelo estabelecimento de uma relação interacional entre o saber popular e o saber erudito ou escolar. Educação na qual o/a aluno/a, visto/a como *sujeito* do processo educacional, torna-se importante na ação educativa e, em consequência, o seu saber experienciado no contexto sociofamiliar é valorizado e trabalhado

Ivanilde Apoluceno de Oliveira

pedagogicamente na escola. Essa busca de nova interação entre os *sujeitos* educativos e seus saberes aponta essa ação educativa, como um processo de confronto com a estrutura educacional historicamente imposta e instituída, na qual o saber erudito tem papel predominante. A escola, ao reconhecer e valorizar o saber da criança proveniente de suas relações sociais, indica, também, uma tentativa em superar a marginalização e os preconceitos que as crianças das classes populares sofrem no processo pedagógico ao ser negado o seu saber.

A situação de *sujeito* implica que homens e mulheres sejam livres e autônomos, em processo de vir a ser. Para Freire, "a pedagogia da autonomia tem de estar centrada em experiências estimuladoras da decisão e da responsabilidade, vale dizer, em experiências respeitosas da liberdade" (1997, p.121).

A partir dessas categorias de Paulo Freire, os atores educativos estabeleceram no projeto pedagógico da escola:

- o vínculo de amor e solidariedade entre os seres humanos;
- a perspectiva de transformação da sociedade (para ser justa e fraterna);
- o caráter coletivo, participativo e dialogal, sem perda da identidade individual e cultural do grupo, como classe social;
- a educação como formação humana (pessoal, criativa, crítica e política);
- a educação numa dimensão política libertadora, ao estabelecer um vínculo e um compromisso com os pobres, os oprimidos e os marginalizados.

Pensa-se nos/as alunos/as como *sujeitos* do processo educacional, capazes de desenvolver as suas potencialidades como indivíduos e seres sociais, culturais e históricos. Os/as alunos/as passam a ter uma participação e ser corresponsáveis no processo pedagógico. Os/as professores/as, considerados também *sujeitos*, nessa relação democrática, não apenas ensinam, mas também aprendem, consequentemente os/as alunos/as também ensinam, existindo uma reciprocidade nessa relação quanto aos saberes vivenciados no contexto escolar.

Leituras freireanas sobre educação

Quem ensina aprende ao ensinar e quem aprende ensina ao aprender ... Ensinar não é transferir conhecimentos, conteúdos, nem *formar* é ação pela qual um sujeito criador dá forma, estilo ou alma a um corpo indeciso e acomodado. Não há docência sem discência, as duas se explicam e seus sujeitos, apesar das diferenças que os conotam, não se reduzem à condição de objeto, um do outro. (Freire, 1997, p.25)

Algumas qualidades dos docentes apontadas por Freire (1993b; Freire & Shor, 1986) também foram consideradas no projeto pedagógico da escola:

- a *humildade*, pelo fato de o/a educador/a saber que não sabe tudo e que está junto com o/a aluno/a num processo de busca de conhecimento;
- a *amorosidade* aos discentes e ao processo de ensinar;
- a *coragem* de lutar ao lado da coragem de amar. Coragem como superação do medo;
- a *esperança*, que possibilita a busca do conhecimento e de mudanças sociais;
- a *tolerância*, que nos ensina a conviver com o diferente, a aprender com o diferente e a respeitar o diferente;
- o *pensar crítico*, capaz de perceber as contradições sociais e a realidade como processo;
- capacidade de *decisão* que implica romper para optar;
- a *rigorosidade* e o *compromisso político*.

A *educação dialógica* de Freire com seus valores humanistas-cristãos e a sua linguagem de amor e de esperança torna-se um dos aportes teóricos do ideário da escola e o caminho teórico-metodológico para a viabilização dessa ruptura da escola com a prática pedagógica tradicional vivenciada até então.

II. *Os objetivos/diretrizes* que orientaram suas práticas pedagógicas:

(1) a criança tem que ser estimulada a falar, a expressar sua forma de pensar e compreender o mundo;

Ivanilde Apoluceno de Oliveira

(2) a criança tem que participar das atividades, tem que ser o agente, o sujeito e o/a professor/a deve se situar no processo educativo como o/a orientador/a, o/a estimulador/a; (3) buscar-se-á trazer para a sala de aula o vivenciado pelo/a aluno/a, as situações existenciais, sociais e culturais do grupo; (4) buscar-se-á desenvolver atividades pedagógicas socializadoras entre a família e a escola. (Oliveira, 1994, p.63)

A dialogicidade passa a ser o instrumental que permeia as diversas atividades pedagógicas desenvolvidas na escola, permitindo não apenas a expressão do vivido pelos/as alunos/as no seu contexto social, mas a socialização, atitudes de solidariedade, criatividade e posicionamento crítico das crianças. Essa dialogicidade se traduz por um trabalho com a oralidade da criança, por meio de conversações, de jogos, de músicas e de dramatizações, apresentando as matérias escolares de forma articulada e integrando-as às experiências de vida de alunos/as, explorando-se também, por meio de uma relação com o concreto, a criatividade das crianças.

III. *O procedimento metodológico.* As unidades seriam trabalhadas de forma processual e articulada, de acordo com o levantamento do "universo vocabular" e das "palavras geradoras" escolhidas. Da proposta freireana manteve-se o levantamento do "universo vocabular", os seus critérios para a escolha das "palavras geradoras" e a decomposição das "famílias fonêmicas". Esse levantamento do "universo vocabular", a escolha da "palavra geradora" e o consequente debate e análise da realidade social foram efetivados a partir das atividades desenvolvidas com as crianças no cotidiano escolar. O desenvolvimento metodológico em torno das "palavras geradoras" foi feito de forma totalizante articulando-se os conteúdos programáticos com as atividades de coordenação motora, a escrita e a expressão oral, sendo sistematizado por meio dos seguintes passos:

1) *planejamento de atividades-criadoras* que possibilitem e estimulem a criança a falar e a expressar o seu imaginário, a sua forma de ver e compreender o mundo;

2) dessas *atividades-criadoras* selecionam-se as palavras significativas que devem ser analisadas em grupo. Dentre elas retira-se a "palavra geradora";

3) a *palavra geradora* será articulada, de forma totalizante em relação aos conteúdos das unidades alocadas durante a fase de planejamento, ao desenvolvimento da coordenação motora, da escrita, da leitura e da expressão oral;

4) no trabalho com a escrita constroem-se da "palavra geradora" as *famílias fonêmicas*, que serão trabalhadas isoladas e articuladas, para possibilitar o desenvolvimento de novas palavras;

5) as famílias fonêmicas, as palavras e os textos construídos coletivamente relativos à "palavra geradora" são transcritos para *fichas de leituras* que vão compondo a *cartilha*. As crianças produzem não só o seu conteúdo como a sua arte-final: capa, apresentação, desenhos etc.;

6) essas *fichas de leitura* são utilizadas em sala de aula, mas utilizam-se também, para exercício da leitura e da escrita, livros infantis, revistas, jornais, rótulos, embalagens, cartazes etc.;

7) *os materiais produzidos* com as palavras geradoras ficam fixados na sala de aula para serem permanentemente trabalhados pelo/a professor/a;

8) desenvolvem-se *atividades* de dança, teatro, mímica, música, imitação de uma situação existencial e cultural com as palavras geradoras articuladas às unidades planejadas, bem como são feitas observação *in loco* e atividades extraclasse.

A título de ilustração, exemplifico esse procedimento metodológico, descrevendo a construção das fichas de leitura, cujo produto final culminou na elaboração da *cartilha*. Utilizo um exemplo extraído de uma das *cartilhas* produzidas em sala de aula, em uma turma de alfabetização.

A partir das atividades desenvolvidas em sala de aula, escolheram:

a **palavra geradora**: **BOLA**

as **famílias fonêmicas**: **BA - BE - BI - BO - BU**
**LA - LE - LI - LO - LU**

Do trabalho pedagógico com essas famílias extraíram-se palavras e elaboraram-se texto(s), produzido(s) oralmente pelas crianças sob a orientação da professora e escrito (s) por ela no quadro de giz.

**Palavras**: **BABÁ - BALA - BULE - BALAIO - BOI BOLO - LOBO - BOBO - BELA - BEBÊ**
**Texto**: *"A bola escapole da grama e bate na chamada[6] e a chamada cai. A bola vai pulando e bate em todos os lugares"*.

Ao término desse processo, as fichas de leitura eram reproduzidas no mimeógrafo pela professora e distribuídas aos alunos e alunas, que foram compondo, de cada "palavra geradora", as folhas da "cartilha".

Com a "palavra geradora" escolhida no processo de ensino--aprendizagem, as professoras desenvolviam outras atividades articulando-as aos conteúdos programáticos, que, apesar de estarem previamente alocados, foram trabalhados no processo de desenvolvimento das atividades em sala de aula com "palavra geradora". Essa interação entre os conteúdos foi explicada por uma das professoras da alfabetização:

> Quando a gente trabalhou a palavra bola, nós partimos primeiro da bola de papel, confeccionamos a bola, ligamos essa bola ao redondo, passamos de mão em mão, eles foram percebendo que ela era redonda, depois nós trabalhamos já o símbolo, já ligando para matemática e fizemos bolas grandes, bola pequena. Na parte de ciências entrávamos com a árvore que nos dava a borracha, porque também nós entramos com a bola de borracha, além da bola de papel. Que existia um outro tipo de bola, não era só aquela. E em ciência a gente trabalhou, já no caso da árvore, como eles tiravam a borracha para levar para a indústria, para poder confeccionar a bola. (apud Oliveira, 1994, p.72-3)

Assim, além da interação entre os conteúdos e da articulação destes com a experiência vivida pelos/as alunos/as no seu

---

6 A palavra "chamada" tem o significado de campainha.

Leituras freireanas sobre educação

contexto social, o planejamento das atividades foi realizado de forma dinâmica e semanal, em função de as "palavras geradoras" serem escolhidas no processo. "Palavras geradoras", como *boneca, leite, rádio, peixe, gato, sapo, comida, relógio, carta, vassoura, palhaço, pente, chuva, galinha, vaca, vala, loja, queijo, escova, gema, cebola, comida, lama, cabeça, televisão, hora* e *carro,* foram escolhidas no cotidiano da sala de aula e trabalhadas pedagogicamente, articuladas a: conteúdos de higiene e saúde; figuras geométricas (triângulo, quadrado e retângulo); noção de conjunto; noção de igual e diferente; adição; numerais; dezenas; noção de feminino e masculino; singular e plural; animais úteis e nocivos; noção de direita e esquerda, em cima e embaixo; meios de comunicação; abordagem de questões ecológicas como a extinção de animais, a poluição dos rios etc.; encontros vocálicos; clima; vegetais; alimentação; cultura de horta e outros assuntos sociais, culturais, econômicos e familiares.

A avaliação do aproveitamento escolar dos alunos foi feita: a) de forma processual por meio do registro em fichas e em cadernos do acompanhamento das atividades desenvolvidas pelas crianças, observando-se: criatividade, iniciativa, raciocínio lógico, senso crítico, desempenho na expressão escrita e oral, responsabilidade, socialização e assiduidade, e b) bimensalmente por meio de testes escritos e leitura. As professoras sugeriam atividades e relatavam como as estavam desenvolvendo em sala de aula. Cada nova atividade introduzida era socializada e avaliada conjuntamente.

Assim, o projeto educativo da escola constitui um trabalho "coletivo-dialógico" de construção das diretrizes e procedimentos metodológicos, buscando a integração com a comunidade, mediante ações educativas, a participação das crianças nas atividades pedagógicas desenvolvidas em sala de aula e a interação dos conteúdos com a realidade e o cotidiano vividos pelas crianças. Experiência educativa, na qual o vivido pelas professoras e as práticas de cada um de seus membros tiveram interferência no processo. E nessa experiência construída na prática como síntese entre o teorizado e o vivido, o vivenciado no fazer cotidiano, as professoras desenvolviam o seu processo de formação pedagógica.

## A prática formadora de "ensinar-aprender" no cotidiano escolar

Esse *caminhar educativo* constituiu uma formação pedagógica em ação, no qual as professoras foram se preparando teórica e tecnicamente e formando-se no seu fazer-pedagógico cotidiano, no vivenciado e experienciado na sala de aula. Esse processo de formação em ação apresenta-se caracterizado pelos seguintes fatores:

1) Pela *autonomia pedagógica* adquirida no processo de desenvolvimento do projeto educativo da escola.

O caminhar "coletivo-dialógico" construído na escola possibilitou a "autonomia" nas ações individuais das professoras em sala de aula e a construção coletiva do projeto na escola. As professoras tinham autonomia na sala de aula, já que não existia um planejamento didático preestabelecido, com a definição prévia dos passos metodológicos a serem seguidos. Isso exigia que as professoras, em razão dessa nova interação pedagógica, fossem "sujeitos", tivessem criatividade e dinamismo na definição das estratégias de ação e dos conteúdos a serem trabalhados. A ação pedagógica era feita de forma processual. A relação interacional estabelecida com os/as alunos/as é que definia os rumos da prática pedagógica.

Como nos diz Freire:

> uma das tarefas mais importantes da prática educativo-crítica é propiciar as condições em que os educandos em suas relações uns com os outros e todos com o professor ou a professora ensaiam a experiência profunda de assumir-se. Assumir-se como ser social e histórico, como ser pensante, comunicante, transformador, criador, realizador de sonhos, capaz de ter raiva, porque capaz de amar. (1997, p.46)

> exatamente porque nos tornamos capazes de *dizer* o mundo, na medida em que o transformávamos, em que o reiventávamos, que terminamos por nos tornar ensinantes e aprendizes. Sujeitos de uma

Leituras freireanas sobre educação

prática que veio se tornando política, gnosiológica, estética e ética. (1993c, p.19)

A professora, nessa ação educativa, tinha que estar atenta, ser observadora dos/as alunos/as, captar suas emoções, aspirações, interesses e necessidades e ser criativa, estimular e desenvolver atividades que estivessem de acordo com os objetivos da escola e as aspirações e necessidades dos/as alunos/as. Esse olhar para os discentes como "sujeitos" dimensiona sua prática educativa formadora como humanista e ética.

2) Por meio da *permanente reflexão sobre a prática docente*, dimensionada pelas reflexões sobre:

a) a teoria educacional de Paulo Freire – discutida nos cursos e oficinas pedagógicas, norteadora das diretrizes e das ações educativas – aplicada na prática cotidiana escolar;

b) o saber fazer pedagógico cotidiano caracterizado por um processo de aprendizado na prática, num aprender fazendo, observando os/as alunos/as e refletindo sobre a prática.

A prática docente crítica na visão de Freire "envolve o movimento dinâmico, dialético, entre o fazer e o pensar sobre o fazer ... na formação permanente dos [das] professores [as], o momento fundamental é o da reflexão crítica sobre a prática" (1997, p.43). Aprendizado na prática, num processo de "reflexão-ação". Aprendizagem na prática dialógica em relação intersubjetiva com os outros, com as demais professoras e com os/as alunos/as. O aprender com a criança uma nova maneira de trabalhar em sala de aula foi colocado pelas professoras como um aspecto de significativa importância da experiência. A prática dialógica e participativa permitiu a compreensão pelas professoras de que estavam trabalhando uma nova maneira de ensinar e que elas aprendiam com os/as alunos/as essa nova prática pedagógica.

Na medida que a gente ia dando para eles, cada vez mais nós íamos descobrindo mais... Fomos aprendendo sim, dentro de sala.

Íamos explicando o porquê daquilo e aprendendo com eles, uma maneira de ensinar totalmente diferente da maneira que nós dávamos no turno da manhã.

A gente sempre tinha aquela coisa de não esperar a criança falar, quando a criança vai falando, a gente já vai pedindo silêncio. Por que pedir silêncio se eles têm tanta coisa para passar para nós? Então, partindo daí, é que a gente construiu o nosso trabalho, também, com a ajuda deles. (apud Oliveira, 1994, p.150, 151 e 91)

O aprendizado na prática educativa cotidiana escolar pelo processo "ensinar-aprender e aprender-ensinar" é constituinte da existência humana e presente na ação educativa.

Aprender e ensinar fazem parte da existência humana, histórica e social, como dela fazem parte a criação, a invenção, a linguagem, o amor, o ódio, o espanto, o medo, o desejo, a atração pelo risco, a fé, a dúvida, a curiosidade, a arte, a magia, a ciência, a tecnologia. E ensinar e aprender cortando todas estas atividades ... O ser humano jamais para de educar-se. (Freire, 1993c, p.19 e 21)

A escola enfrentou o desafio da mudança ao propor um projeto educativo diferenciado das práticas escolares tradicionais, tentando romper com a estrutura escolar hierárquica e rígida vigente, desenvolvendo uma educação alternativa, posta teoricamente e construída em novas bases de interação entre escola e comunidade. Isso porque havia não só uma demanda da população das classes populares ao acesso à escolarização, como também uma consciência da direção e do professorado da necessidade do atendimento escolar a essa população marginalizada e excluída do acesso ao saber escolar.

A inserção das classes populares na escola – que trabalhava com atendimento pedagógico tradicional e crianças da classe média – provocou uma inversão no seu caminhar. As classes populares provocaram modificações pedagógicas na escola e o projeto teórico-metodológico popular construído serviu de paradigma para as demais turmas, passando a ser o "projeto oficial" da escola.

Dessa maneira, o projeto pedagógico da escola surgiu de uma necessidade prática, mas foi desenvolvido a partir, primeiramente, de uma discussão e preparação teórica dos seus participantes, tendo como ponto de partida dessa reflexão a pedagogia freireana. Existiu uma intencionalidade, por parte da instituição, de intervenção na ação educativa e de modificação de uma dada situação socioeducacional. A preocupação em instrumentalizar teoricamente as professoras demonstra, também, a busca de uma integralização entre a teoria e a prática, compreendendo-se a teoria como princípios norteadores da ação, mas que o fazer pedagógico é realizado num processo de conflito entre os princípios e as condições objetivas vivenciadas, o que permite a construção de novos pressupostos teórico-práticos.

O caminhar "coletivo-dialógico" dos atores educativos se apresentou como um *desafio* e também por *conflitos* e *tensões*, mediante a perspectiva de desenvolvimento de uma prática educativa diferenciada da instituída e conhecida, cuja ação sem modelo constituía um caminhar que exigia dos participantes um processo de reflexão permanente sobre o fazer pedagógico realizado e a superação de alguns *limites*:

a) de caráter *objetivo* (*o como fazer esse novo caminhar*), que envolvia estabelecer formas de interação diferentes com os/as alunos/as e as famílias, trabalhar com o saber e a experiência de vida dos discentes, estimular a fala e a participação dos/as alunos/as em aula, ouvir, observar e compreender o discente situado num contexto sócio-político-cultural, implicando uma mudança de atitudes tanto por parte do/a professor/a quanto por parte dos/as alunos/as, e

b) de caráter *subjetivo* (*a compreensão pelos atores educativos de que seriam capazes de fazer esse novo caminhar*), para superar o medo de errar, de enfrentar o novo e a insegurança no desenvolvimento do trabalho pedagógico.

Mas esses conflitos, essas tensões e inseguranças considero-os como "produtivos", na medida em que houve um enfrentamento diante da nova prática pedagógica realizada por ações "coletivo--dialógicas", não se assumindo posturas sectárias de "não aceitação" da mudança ou recuo aos desafios que a transformação impõe. Houve por parte dos atores educativos uma atitude de

Ivanilde Apoluceno de Oliveira

enfrentamento do medo experienciado no cotidiano escolar. Essa atitude experimental, na visão de Shor, "é comum a todas as políticas de transformação" (Freire & Shor, 1986, p.72-3). Além disso, o fato de ter sido uma ação educativa "coletivo-dialógica" contribuiu para o enfrentamento e a superação do medo. Como nos diz Freire, "a sensação de não estar só diminui o medo" (ibidem, p.76). "A questão que se apresenta é não permitir que o medo facilmente nos paralise ou nos persuada de desistir de enfrentar a situação desafiante sem luta e sem esforço" (Freire, 1993b, p.39-40).

A minha participação no grupo foi trabalhar com as questões teóricas, provocando as reflexões sobre as ações desenvolvidas, em função dos problemas levantados pelo grupo, e nessa participação das discussões, refletindo, também, sobre o vivido nessa experiência escolar. Delimito, como a minha principal tarefa, a tentativa de teorizar a prática e de agir em função do pensar e do sentir a realidade e a experiência cotidiana escolar.

Essa construção metodológica "coletivo-dialógica" dimensionou-se, portanto, em uma formação vivenciada no "aprender-ensinar", pelos atores educacionais da escola, ou seja, as professoras no seu fazer pedagógico na sala de aula e a direção/assessora no acompanhamento cotidiano do projeto educativo da escola.

## A interação entre os saberes na prática educativa da escola

> A união entre o saber e o senso comum é
> fundamental para qualquer concepção de luta política,
> de educação, de processo educativo.
> (Freire & Faundez, 1985)

A questão do saber escolar, por situar-se num contexto sócio-político-econômico-cultural de classe, passa a ser um dos elementos fundamentais de crítica pela educação popular. O saber produzido e veiculado pela escola não é estabelecido pelas classes populares, mas pela classe detentora dos meios de produção e do poder político. A educação popular emerge, então, como "produção de um novo saber no interior de uma outra cultura" (Brandão, 1984b, p.18). Para Freire, a educação popular "nascia não apenas da cultura de livros ou de museus; ela nascia da cultura que os movimentos populares usam e criam em suas lutas" (Freire & Nogueira, 1989, p.62). Assim, a luta popular de resistência, na busca das soluções para as necessidades básicas, vividas no cotidiano, engendra um saber e um fazer popular, os quais constituem o suporte teórico da educação popular.

Por isso, busquei analisar como, nas atividades pedagógicas da escola, se trabalha o saber do/a aluno/a – fruto do existencial, do cotidiano e das ações vividas no contexto social – em articulação com o saber escolar – sistematizado e produzido no espaço escolar –, considerando que é pela participação do/a aluno/a nas atividades escolares, cuja concepção de mundo é trabalhada pedagogicamente em processo de ação recíproca entre o vivido e o saber escolar, que se desenvolve a prática pedagógica da educação popular.

Observei que o processo de interação dos conteúdos, por meio da palavra geradora, constitui o eixo principal de articulação entre o saber erudito e o saber popular.

Como se estabeleceu a interação entre os saberes por meio da palavra geradora?

A palavra geradora era extraída das dinâmicas desenvolvidas com os/as alunos/as, em sala de aula, pela professora. O que os discentes produziam nessas atividades era socializado e as temáticas provenientes dessa socialização, contextualizadas com a realidade social vivenciada por eles. Das temáticas debatidas escolhia-se a palavra geradora, que servia de vínculo entre a expressão do existencial do/a aluno/a, concretizada nas atividades, por meio de histórias, desenhos, confecção de materiais etc., e a estrutura conceitual da linguagem escrita e do saber escolar.

A palavra geradora escolhida era contextualizada por meio de outras atividades, como conversação, desenhos, jogos, música e dramatização, procurando relacioná-la ao contexto social dos/as alunos/as e aos conteúdos programáticos, incluindo a iniciação ao estudo da língua portuguesa. A palavra geradora, decomposta em famílias fonêmicas, era trabalhada em forma de leitura e escrita. Dessas famílias foram extraídas outras palavras que poderiam ter a função de palavras geradoras. E nesse processo construíam-se com a(s) palavra(s) geradora(s) textos coletivos. As crianças iam compondo oralmente o texto, com o auxílio da professora, que o escrevia no quadro e orientava a sua formação, incluindo pontuação, letra maiúscula e minúscula. Com todo esse material, produzido coletivamente em sala de aula, confeccionavam-se as folhas da cartilha.

Assim, num processo coletivo, folha por folha, a cartilha ia sendo construída, ao mesmo tempo que servia de instrumento para exploração da leitura, da escrita e de outras atividades, como exercícios, desenhos etc. Caracterizava-se como um processo permanente de interação entre o vivido, o cotidiano do/a aluno/a e os conteúdos programáticos. O discurso popular era trabalhado de forma acadêmica pela escola e o discurso científico só tinha sentido numa relação com o vivido.[7]

O esquema e o quadro a seguir permitem-nos visualizar essa relação entre o saber popular e o saber erudito mediatizada pela palavra geradora.

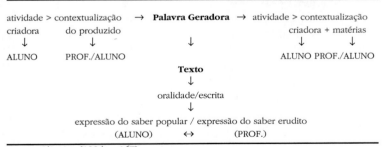

Fonte: Oliveira (1994, p.167).

---

7 Compreendendo-se como Freire que "ler e escrever a palavra só nos fazem deixar de ser sombra dos outros quando, em relação dialética com a 'leitura do mundo', tem que ver com ... a 'reescrita' do mundo, quer dizer, com a sua transformação" (2000, p.88).

Leituras freireanas sobre educação

## QUADRO DE INTERAÇÃO ENTRE OS SABERES NA PRÁTICA PEDAGÓGICA

SABER POPULAR/EXPERIENCIADO   ↔   SABER ERUDITO/ ESCOLAR
Atividade pedagógica/Estratégia        Atividade pedagógica/Estratégia

- Criação individual ou coletiva / desenho.
- Socialização e contextualização dos desenhos produzidos / criação de histórias.
- Escolha da palavra geradora / palavra BOLA.
- Criação coletiva ou individual e socialização e contextualização da palavra geradora / rodinha com conversação e desenho com pintura.

↔ Escrita e leitura de palavras a partir da palavra geradora / utilização de cartaz com a palavra geradora e famílias fonêmicas; pesquisa em jornais e revistas sobre as palavras iniciadas com BA, BE, BI, BO, BU e a elaboração de texto coletivo.

↔ Coordenação motora / confecção de diversos tipos de bola e jogos recreativos com bola.

↔ Expressão oral /narrativas e histórias com a palavra bola e outras da família fonêmica.

↔ Matemática: noção de > <, círculo, = e ≠, cores. Estudos Sociais: noção de material, futebol e outros jogos que utilizam a bola / manuseio da bola e outros objetos com a sua forma e conversa informal sobre a bola.

→ O texto coletivo, a pesquisa, o manuseio com o concreto e o diálogo entre alunos/as e a professora permitem a expressão do saber experienciado pelo/a aluno/a no cotidiano social. ←

Fonte: Oliveira (1994, p.16).

Ivanilde Apoluceno de Oliveira

Esse trabalho de articulação entre o saber erudito e o saber popular não se restringia a momentos circunstanciais da aula, como na hora da rodinha da conversação ou na hora de contar histórias, mas se verificava durante toda a aula por meio dessa articulação entre o saber proveniente do vivido pelos/as alunos/as e as unidades escolares, pela palavra geradora. A elaboração do texto coletivo com a palavra geradora caracterizou-se como um segundo momento de veiculação desses saberes, cujos agentes são representados pelos/as alunos/as e o/a professor/a e como instrumento de articulação entre os saberes erudito e popular, ao ser vinculado à palavra geradora e integrar ações de oralidade e escrita. A relação de reciprocidade entre os saberes implicou uma relação dialogal e de interação entre o individual e o coletivo.

O processo de construção da cartilha, com a participação das crianças, permitiu não só a integração entre o saber popular e o saber acadêmico, como também contribuiu para a inserção da criança na realidade cotidiana escolar (pegar no lápis, copiar do quadro, escrever no caderno etc.) e atendeu aos seus interesses como classe economicamente marginalizada. A construção do livro didático no processo escolar e a consulta a outras fontes bibliográficas (livros, jornais, revistas etc.) na minibiblioteca existente na sala de aula restringiram a exigência da compra do livro didático (pronto na sua forma e preestabelecido no seu conteúdo), ampliando o campo de leitura, inclusive para o cotidiano social. A leitura continuou sendo fundamental para o processo de alfabetização, mas se diversificou e se direcionou aos interesses das classes populares.

Os textos produzidos pelas crianças em sala de aula e que fazem parte constitutiva das fichas de leitura que formam a cartilha expressam o cotidiano vivenciado pelos/as alunos/as. No quadro a seguir, apresento alguns textos selecionados para análise:

## QUADRO DE TEXTOS SELECIONADOS PARA ANÁLISE[8]

"Era um homem que trabalhava na **loja**. Veio a polícia e mandou-o ir embora, então foi ser varredor de ruas."

"Uma **vovó**, que vivia na cadeira de rodas, estava muito doente e foi para o hospital. O médico cuidou da vovó e ela ficou boa e ganhou um neto da sua filha."

"O **peixe** pulou do aquário em cima do homem que estava sentado na cadeira assistindo televisão. O homem ficou muito assustado e foi ver o que aconteceu com o peixe."

"Era uma vez uma **boneca** que se chamava Juliana. Ela era muito pobre, não tinha nada. Ela caiu na boca-de-lobo e desmaiou. Quando acordou, ganhou uma casa."

"Uma vez um homem viajou e encontrou um emprego de carteiro. Seu patrão lhe deu uma nota para continuar entregando as **cartas**."

"Carolina estava cheia de piolhos. Ela não aguentava mais. Um dia, ela comprou um **pente**-fino e passou na cabeça. Saíram muitos piolhos, mas ela ficou sossegada e parou de coçar."

"A **boneca** caiu nos tijolos e se machucou. Ela quebrou a cabeça, levaram-na para o médico e ela tomou injeção no bumbum e ela chorou."

"Era uma vez uma menina que se chamava Adriana, ela gostava de comer várias **comidas**, ela gostava de picadinho e macarrão."

"A menina tinha uma amiga de nome Mila que gostava de comer para ficar gordinha."

"Era uma vez um homem e uma menina que comiam **comidas** e, quando acabavam, ele ia para o trabalho ganhar dinheiro para comprar alimentação e a menina ia lanchar novamente."

"O menino estava passando pela rua, quando **choveu** e um relâmpago caiu em cima dele. Sua mãe correu e chamou uma ambulância e o levou para o hospital. O menino ficou bom. Nunca mais ele desobedeceu, e sua mãe ficou feliz."

Fonte: Oliveira (1994, p.170).

A construção dos textos se apresentou de modo geral em forma de histórias infantis, iniciando-se por *era uma vez*, que demonstra o universo da oralidade e escrita infantil explorado por meio desse tipo de histórias.

A situação econômica de classe menos privilegiada foi evidenciada quando as crianças fizeram referência aos trabalhos de carteiro e varredor de ruas, bem como a relação de pobreza com o sonho de riqueza (a aquisição da casa quando acordou) e o trabalho associado à aquisição da alimentação.

---

8 As palavras em negrito correspondem às palavras geradoras. Fonte: cartilhas produzidas em sala de aula pelas professoras e alunos, no período de 1990 a 1993.

Ivanilde Apoluceno de Oliveira

A relação familiar também se apresentou nos textos, retratando os cuidados da mãe com a saúde do filho, a existência de um vínculo afetivo e moral entre mãe e filho, ao relacionarem a obediência do filho com a felicidade da mãe e situações de parentesco (a vovó que ganhou um neto de sua filha).

O contexto cotidiano foi expresso tanto por situações vivenciais, como o peixe que pulou do aquário, a compra do pente-fino para acabar com os piolhos, a queda com machucado, a injeção no bumbum e o choro, a comida apreciada (picadinho com macarrão) e a chuva com o relâmpago (que é bem característico da região amazônica), quanto pela utilização de palavras que expressavam o seu contexto social, tais como, "boca-de-lobo", "piolho", "muito pobre, não tinha nada", "caiu nos tijolos" e "veio a polícia".

Observei, finalmente, que a professora procurou estruturar o texto, fazendo a concordância verbal e a pontuação, sem entretanto descaracterizar as ideias das crianças expressas oralmente. A *interação* está presente na prática educativa da escola não só pelos procedimentos metodológicos com a palavra geradora, mas também pelos seguintes fatos:

- a interação escola e comunidade mediatizada pelo conhecimento, ou seja, o saber adquirido no cotidiano escolar foi repassado pelo/a aluno/a à família, em casa, assim como o saber vivencial das crianças contribuiu para a própria prática pedagógica da professora;
- o trabalho político de humanização e de formação da cidadania, por meio do estabelecimento de uma relação democrática em aula, pela problematização de atitudes individualizadas *versus* a coletiva e a compreensão dos problemas vivenciados pelo grupo, partindo dos próprios conflitos vivenciados na escola;
- articulação entre o universo regional, parte inerente da cultura popular, e a universalização do saber acadêmico, por meio da exploração das palavras geradoras;
- a avaliação totalizante dos/as alunos/as, considerando-se diversos aspectos que não se limitam aos conteúdos escolares,

como o desenvolvimento de habilidades pessoais e de socialização, entre outros.

Nesse fazer pedagógico fica evidente, também, uma relação de interação pela atividade de pesquisa, que se apresenta sob dois aspectos:

1) a investigação do saber erudito/científico (conteúdo das matérias) nos instrumentais de escrita encontrados pelos/as alunos/as no convívio familiar e social, como jornais, revistas, livros de estórias, rótulos, embalagens, cartazes, por meio de recorte e colagem etc.;

2) a investigação do saber erudito/científico (conteúdo das matérias) nas situações cotidianas vividas pelos/as alunos/as no seu contexto social.

Um exemplo dado por uma das professoras demonstra a realização dessas duas formas de investigação:

> em casa a gente mandava eles pegarem jornais, o que eles tinham em mãos. Por exemplo, eles traziam coisas da rua, quando eles entravam, diziam o que tinham visto no supermercado, "nós vimos tal preço de tal coisa". Eu mandava ver preços. Lá na taberna mesmo eles iam ver preços. (Oliveira, 1994, p.172)

A pesquisa seria, dessa forma, uma outra estratégia pedagógica de integração entre o saber escolar e o saber popular, a escola e a comunidade.

Essa integração entre escola e sociedade feita pelo conhecimento foi apresentada ainda na forma de interações interpessoais, cujos vínculos entre o/a professor/a, os/as alunos/as e os pais foram estabelecidos. Não só o conhecimento vivencial das crianças interferiu na aprendizagem e na própria prática pedagógica da professora, mas também o conhecimento erudito/científico da escola interferiu no contexto sociofamiliar da criança, na medida em que as crianças repassavam para os pais algumas coisas aprendidas na escola.

A interação alunos/as e professores/as foi feita fundamentalmente pelas atividades em sala de aula, entretanto procurou-se desenvolver uma atividade coletiva, uma vez por mês, de interação

Ivanilde Apoluceno de Oliveira

entre as turmas, envolvendo dramatização e música, pela qual cada turma apresentava a unidade programática que estava trabalhando. Constituiu-se, dessa maneira, uma forma de socialização da aprendizagem e de integralização das ações escolares.

Nessa prática pedagógica, o interagir do individual com o coletivo foi verificado na sala de aula por meio de atividades individualizadas e em grupo. Procurou-se estabelecer, por meio de uma prática dialógica e democrática, laços de afetividade e solidariedade humana e um nível de criticidade das crianças perante a realidade socioeconômica vivenciada. Assim, as questões socioeconômicas e políticas não foram excluídas do trabalho pedagógico, já que faziam parte do saber proveniente do cotidiano das crianças.

A interação entre o saber popular e o saber escolar mediatiza a *formação crítica* das crianças, que se caracteriza nesse fazer pedagógico como uma formação de hábitos, de atitudes, que expressam uma consciência coletiva, partindo dos próprios conflitos existentes em sala de aula. Processo que se desenvolveu do concreto, do vivenciado, da forma de relação estabelecida em sala de aula, para a família e a sociedade. Por essa formação de hábitos, a criança começou a se perceber participante de uma escola e de uma sociedade, a se perceber como corresponsável no processo escolar e social.

A formação de hábitos se processou por uma relação democrática estabelecida na sala de aula e pela problematização das atitudes individualizadas *versus* a coletiva, que passou pela organização e pela limpeza da sala, pelo respeito aos colegas e pela compreensão dos problemas sociais vivenciados pelo grupo. Havia, por parte da professora, uma consulta às crianças e um respeito por sua opinião, bem como uma preocupação das professoras em discutir as causas dos problemas sociais. Uma das professoras explicou:

> às vezes eles chegavam em casa contando: "tia eu não almocei ontem, a minha mãe foi para a feira e ainda não chegou" e aquela preocupação. E a gente trabalhava, por que existia a fome? Por que as pessoas eram más ... Por que eles não usavam coisas que as

Leituras freireanas sobre educação

outras pessoas tinham, o mesmo sapato, a mesma roupa. Tudo eles levantavam questão e a gente tudo trabalhava com eles ... Quando a gente trabalhou a palavra cola, chegava muito em sala de aula, estava no auge muito grande de cola, em todo lugar se encontrava e então, eles fizeram a comparação, a cola que meu amigo tinha lá na ponte e a cola que eles tinham em sala de aula. E nós fomos trabalhar que aquela cola não fazia mal, a gente podia passar nas mãos, na perna, não tinha nenhum cheiro e que a outra sim, prejudicava o organismo. A gente fazia todo esse trabalho. (Oliveira, 1994, p.177)

A identificação do "nós" na forma do tratamento com a turma constitui um traço de uma prática democrática. Além disso, a vivência das mesmas situações existenciais pelas crianças aproximou o grupo, levou-o a compreender o outro, a ouvir o outro e a problematizar com o outro a realidade social e econômica.

A interação das ações pedagógicas foi ainda estabelecida por meio da articulação entre o saber regional característico – no caso, da região amazônica, e parte inerente da cultura popular, especificamente lendas, folclore, alimentação, hábitos comportamentais e linguagem – e o saber acadêmico, de caráter universal. Essa interação se processava por meio de músicas e danças e da exploração das palavras geradoras.

Foram apresentados exemplos sobre a exploração das palavras geradoras "mangueira" (árvore que caracteriza a cidade de Belém, pois é considerada "a cidade das mangueiras") e a palavra açaí (fruto típico da região amazônica e que, por tradição, faz parte da alimentação cotidiana do belemense): "Eles desenhavam o açaí, pintavam de roxo, falavam do gosto do açaí e diziam que tinham tomado açaí" (Oliveira, 1994, p.178).

A forma de avaliar os alunos também apresentou um caráter interacional, na medida em que foram considerados aspectos que não se restringem ao saber escolar, como a escrita e a leitura, que permitem observar o desenvolvimento de habilidades pessoais e de integração social. A oralidade, instrumental do/a aluno/a para expressar as suas situações vivenciais, foi um dos elementos constitutivos da avaliação do discente. Além disso, o

Ivanilde Apoluceno de Oliveira

fato de o/a aluno/a emitir opinião, um juízo de valor sobre a aula, evidenciava uma relação dialógica e democrática no processo de avaliação da escola.

Apesar de algumas atividades terem sido trabalhadas de forma isolada, como alguns exercícios direcionados para determinados conteúdos, a prática pedagógica desenvolvida na escola se processa de forma interacional, articulando os saberes popular e erudito, mediante uma metodologia dialógica, participativa e democrática. Essa prática dialógica permitiu, a partir do vivenciado pelos/as alunos/as no seu cotidiano sociofamiliar, extrair palavras geradoras, que serviram de mediadoras para a articulação entre o saber acadêmico e o saber popular. Além disso a produção de textos coletivos integrou a oralidade e a escrita, que simbolizam duas formas de saber diferenciadas, relativas à cultura popular e à cultura acadêmica. A metodologia da pesquisa aproximou a escola da sociedade e o indivíduo da coletividade. O contexto sócio-econômico-político não foi afastado da escola; pelo contrário, serviu de instrumento de ligação entre a realidade escolar e a realidade social do/a aluno/a. E essa interação entre os saberes se identificou, também, no processo avaliativo da escola.

Em síntese, concluo que a existência na prática educativa das professoras do "diálogo" e da "interação entre os saberes" possibilitou caracterizar o fazer pedagógico desenvolvido na escola como popular.

A escola descaracterizou-se como *conteudista*, preocupada em transmitir apenas algumas matérias consideradas essenciais para a formação do indivíduo, passando a ter uma dimensão política de formação da cidadania, numa perspectiva de formação não só do crescimento do indivíduo como pessoa, mas também como cidadão, como partícipe de uma escola, de um saber e de uma sociedade. A formação de atitudes de civilidade, de socialização, de ações democráticas e de solidariedade humana esteve presente nesse fazer pedagógico, visando, sobretudo, a uma escolarização que atendesse aos interesses das classes populares. Daí a importância da relação entre os saberes popular e erudito elaborada, por meio das ações pedagógicas, para o processo de contextualização e de crítica do próprio saber tanto escolar quanto popular.

Assim, essa ação educativa escolar contribuiu para a análise da questão da interação entre os saberes na educação, na medida em que apontou as estratégias metodológicas que viabilizam a interação entre os saberes como caminhos para uma prática democrática educacional, constituindo instrumento de luta para modificação do *status quo* da educação, servindo de referência a outras experiências educativas.

## A educação de adultos e o desenvolvimento escolar da criança: uma ação integrada de pesquisa

> Crianças e adultos se envolvem em processos
> educativos de alfabetização com palavras pertencentes
> à sua expressão existencial,
> palavras grávidas de mundo.
> Palavras e temas.
> (Paulo Freire, 1993c, p.29)

### A problemática

A proposta de investigar a interferência de adultos alfabetizados no rendimento e na permanência da criança na escola, problemática central da pesquisa, foi pensada em razão de uma questão levantada por uma professora, durante uma reunião de avaliação dos procedimentos pedagógicos trabalhados na experiência em educação popular na escola em que foi realizada a pesquisa, envolvendo uma ação educativa com crianças e adultos provenientes das classes populares. Nessa reunião, a professora avaliou que "houve um melhor aproveitamento escolar das crianças, após os pais frequentarem as aulas de alfabetização". Esse fato, acrescido da questão "Por que alfabetizar o adulto?", levantou a problemática da relação entre a educação de adultos e a das crianças, delineando a necessidade de um estudo sobre a educação de adultos como causa exógena de aproveitamento escolar da criança.

### Por que alfabetizar o adulto?

A sociedade contemporânea regida pelo ideário neoliberal e pela lógica da racionalização dos recursos financeiros focaliza o olhar para a educação da criança e não para os adultos. Há uma racionalização do tempo de trajetória escolar por idade, estabelecendo-se a faixa etária escolarizável, para uma educação básica, dos sete aos catorze anos.

Esse olhar para a criança e não para o adulto está pautado em duas representações: a primeira, em uma visão essencialista de mundo, pressupõe estar a criança em processo de desenvolvimento físico, racional, moral e social, enquanto o adulto já está pronto em seu desenvolvimento biopsicossocial. A segunda, de caráter utilitarista, considera a educação de adultos inútil, porque eles já viveram a vida toda sem serem alfabetizados. Dessa forma, o tempo considerado para a aprendizagem é a infância, que tem uma perspectiva de futuro (ser produtor na sociedade) e na fase adulta esse tempo de preparação para o futuro já passou. E quem não teve acesso à escola ou não concluiu sua trajetória escolar nessa faixa etária passa a ter dificuldades em iniciar ou prosseguir os estudos.

Essa visão de inutilidade e de secundarização da educação de adultos caracteriza-se pela priorização da educação na infância, não se levando em conta a educação como um direito indispensável à formação da cidadania e fundamental ao desenvolvimento do ser humano, dicotomizando-se a alfabetização em segmentos, cuja referência é a idade: adultos e crianças, sem ser vista como uma única problemática social.

Por isso, o pensar a educação de adultos vinculada à educação da criança nos coloca perante a educação humanista, histórica e política de Paulo Freire. Educação como formação humana.

*Educação permanente* que se processa no existir histórico de homens e mulheres.

Freire (2000, p.120) explica que:

> seria uma contradição se, inconcluso e consciente da inconclusão, o ser humano, histórico, não se tornasse um ser da busca. Aí radicam, de um lado, a sua educabilidade, de outro, a esperança como estado de espírito que lhe é natural. Toda procura gera a esperança de achar e ninguém é esperançoso por teimosia. É por isso que a educação é permanente. Como não se dá no vazio, mas num tempo-espaço ou num tempo que implica espaço e num espaço temporalizado, a educação, embora fenômeno humano universal, varia de tempo-espaço a tempo-espaço. A educação tem historicidade.

E *educação como formação para a cidadania.* Ser cidadão para Freire (1993c, p.45) significa "indivíduo no gozo dos direitos civis e políticos de um Estado e que cidadania tem que ver com a condição de cidadão, quer dizer, com o uso dos direitos e o direito de ter deveres de cidadão".

Nesse sentido, a educação de adultos faz parte do processo de educabilidade de mulheres e homens como pessoas e cidadãos, sendo o não acesso à educação um problema eminentemente ético e político.

## A metodologia

Para a realização dessa pesquisa, um dos aspectos considerados foi a escolha de uma metodologia que permitisse avaliar a interferência dos adultos no aproveitamento escolar das crianças e demonstrasse a importância da educação de jovens e adultos na perspectiva freireana de educação. Pensou-se, então, em uma pesquisa-ação, com observações, entrevistas, o acompanhamento e o desenvolvimento das atividades *in loco,* além de uma ação integrada entre a pesquisa, o ensino e a extensão, permitindo que, concomitantemente à coleta e à análise dos dados, se desen-

Ivanilde Apoluceno de Oliveira

volvesse um programa educacional com adultos, constante de turma de alfabetização[9] e de encontros educativos.[10]

Metodologia que possibilitasse uma aprendizagem coletiva, envolvendo como atores do processo os membros da comunidade – na busca de respostas não apenas teóricas, mas também práticas, caracterizando-se numa ação política de intervenção social – e as pesquisadoras e os/as estagiários/as do curso de formação de professores/as para refletirem criticamente sobre a prática docente numa ação efetiva e em contato com a realidade e a problemática social da área periférica da cidade de Belém do Pará.

Investigação com base nos pressupostos freireanos de que fazer ciência:

> é *descobrir, desvelar* verdades em torno do mundo, dos seres vivos, das coisas, que repousavam à espera do desnudamento, é dar sentido objetivo a algo que novas necessidades emergentes da prática social colocam às mulheres e aos homens. A ciência, que-fazer humano que se dá na História que mulheres e homens fazem com sua prática não é, por isso mesmo, um "a priori" da História. A *prática* de que temos consciência exige e gesta a ciência dela. (Freire, 1993b, p.102)

Compreendendo-se ainda como Freire (1982b, p.55) que:

> para ser um ato de conhecimento, o processo de alfabetização de adultos deve, de um lado, necessariamente, envolver as massas populares num esforço de mobilização e de organização em que elas

---

9 Turma implementada, em 1991, no turno da noite, no horário das 19h às 21h30. A matrícula inicial foi de treze pais, mas frequentaram as aulas somente oito mães e um adolescente (Oliveira & Santos, 1992, p.43).

10 Caracterizados por palestras e debates com os pais sobre temas escolhidos, a partir do levantamento socioeconômico das famílias, com o objetivo de: "a) conscientizá-los sobre a importância da família enquanto instituição educadora; b) integrar a família à escola; c) possibilitar a reflexão sobre questões de cunho socioeducacional específicas da relação pais e filhos; d) instrumentalizar o adulto para a prática educacional com as crianças, por meio de informações básicas sobre a saúde e o desenvolvimento da criança e o seu contexto social" (ibidem, p.46-7).

Leituras freireanas sobre educação

se apropriam, como sujeitos, ao lado dos educadores, do próprio processo. De outro, deve engajá-las na problematização permanente de sua realidade ou de sua prática nesta.

Por meio de uma ação participativa e dialógica, buscou-se a integração entre as atividades de ensino, pesquisa e extensão, compreendendo-se a pesquisa numa dimensão política de transformação social, ou seja, vinculada aos interesses sociais, econômicos e culturais das classes populares. A pesquisa como ação de intervenção na realidade social, num caráter freireano libertador e não assistencialista.

Assim, procurou-se desenvolver de forma coletiva, dialógica e articulada (segundo Oliveira & Santos, 1992) as atividades de investigação epistemológicas e as pedagógicas por meio de:

1) levantamento das turmas existentes na escola, do número de crianças e de famílias, com os seus respectivos nomes e endereços;

2) levantamento socioeconômico e educacional dos pais, com entrevistas nas suas próprias residências e com as crianças na própria escola;

3) entrevista com as professoras da escola para avaliação da experiência vivenciada com as crianças no ano letivo anterior, após a participação dos pais em turma de alfabetização;

4) levantamento de dados sobre a estrutura física, material e pedagógica da escola;

5) formação da turma de alfabetização de jovens e adultos, e entrevista com os inscritos para levantamento do perfil da turma, dos interesses socioeducacionais e do número de crianças e adultos a serem envolvidos na pesquisa;

6) elaboração do projeto pedagógico do curso, tendo-se como referencial teórico o pensamento educacional de Paulo Freire e o construtivismo, sendo o mesmo referencial utilizado com as crianças na escola pesquisada, e o cotidiano sociocultural vivido pelos adultos;

7) elaboração dos critérios de acompanhamento tanto das crianças quanto dos adultos, no estudo de caso e do cronograma

Ivanilde Apoluceno de Oliveira

de atividades da pesquisa propriamente dita e pedagógicas, incluindo os encontros pedagógicos;

8) desenvolvimento de estratégias metodológicas para a realização dos encontros educativos, constante de: levantamento das necessidades dos grupos, orientação pedagógica aos palestrantes, incluindo a confecção de material didático, considerando-se as experiências e o saber da comunidade;

9) acompanhamento via observação e avaliação sistemática das atividades realizadas pelos adultos e pelas crianças no processo regular de ensino e das ações desenvolvidas na pesquisa;

10) análise dos diversos dados coletados, procurando identificar a interferência dos adultos na permanência e no rendimento escolar das crianças, ao mesmo tempo em que se procurava delinear as especificidades do processo pedagógico da educação de adultos;

11) reflexões e análises sistemáticas sobre a prática docente com os adultos e sobre a formação do/a educador/a nessa especificidade de ensino, tomando-se parâmetro das discussões a formação acadêmica (das pesquisadoras, estagiários/as e professores/as) e a prática vivenciada no desenvolvimento da pesquisa.

Nessa pesquisa foi realizado um estudo de caso, com dez crianças[11] e desenvolvidas ações educativas com oito mães, na turma de alfabetização, e com os demais pais[12] da escola nos encontros educativos, cuja situação social, econômica e educacional apresentou o seguinte quadro:

- a renda familiar era de um a dois salários mínimos (72,2% recebiam salário mínimo);
- a responsabilidade familiar era das mulheres (73%), o que explica, também, terem sido as mães os sujeitos da pesquisa.

Acrescenta-se o fato de que, apesar de pais terem se matri-

---

11 Sendo seis do sexo feminino e quatro do masculino, na faixa etária dos seis aos nove anos de idade.

12 Vinte e sete famílias foram pesquisadas; trinta adultos foram entrevistados, dos quais 73,3% eram do sexo feminino.

Leituras freireanas sobre educação

culado na turma de alfabetização, não frequentaram as aulas, apresentando como motivo a necessidade de trabalhar;

- o predomínio do trabalho informal, sem vínculo empregatício, sendo 40% do lar, sem trabalho definido, 13% empregadas domésticas, 13,3% serventes e outros 33,4% correspondendo às seguintes profissões: manicure, motorista, pintor, mecânico, guarda portuário, cobrador etc.;

- o nível de escolaridade predominante é no ensino fundamental incompleto (67,3%), observando-se alta incidência de não terminalidade das primeiras séries do ensino fundamental. Os não alfabetizados correspondem a 16,7% (Oliveira & Santos, 1992).

A maioria dos adultos entrevistados apresenta como causas da não terminalidade dos estudos "a falta de interesse, o casamento, impedimento por parte do marido, maternidade e o trabalho", e como causas de reprovação, "a falta de interesse, a não assimilação dos conteúdos e problemas familiares" (ibidem, p.30).

Fatores sociais e educacionais que evidenciam a presença na sociedade de práticas machistas de discriminação e de negação da mulher em sua formação humana e de cidadania, e a existência na escola de uma prática "bancária" de educação que não motiva nem auxilia os alunos e alunas a estudar e a superar as suas dificuldades no ensino-aprendizagem.

## A interferência dos adultos no processo de escolarização das crianças

Interferências dos adultos no processo de escolarização, no aproveitamento, na frequência e na permanência das crianças na escola foram constatadas (ibidem).

- *Interferência na relação mãe e filhos/as*

Houve alteração no comportamento afetivo entre mãe e filhos/as, passando a existir uma cumplicidade nas tarefas escolares e uma valorização da escolaridade, acrescidas de autoconfiança, respeito próprio e aos filhos/as, além de autoestima por parte das mães.

Verificou-se, também, alteração no comportamento pessoal das mães quanto à higiene e à aparência pessoal das crianças, inclusive com diminuição da incidência de escabiose e melhoria no quadro clínico geral destas.[13]

- *Interferência na permanência da criança na escola e na interação família-escola*

A preocupação com o acompanhamento educacional dos filhos passou a ser evidenciada pelo aumento do índice de frequência às aulas pelas crianças. Não houve registro de evasão escolar, mas uma acentuada melhoria na frequência às aulas no segundo semestre e um aumento na participação das mães nas frequências às reuniões da escola e nos encontros educativos.

- *Interferência no aproveitamento escolar das crianças*

O aproveitamento escolar das crianças pesquisadas foi de 80%. Entre as que não obtiveram aproveitamento, foram constatados problemas de cunho psicológico e social, provenientes, entre outras causas, da diferença na educação entre os filhos e as filhas por questões de gênero.

Em relação ao aproveitamento escolar das crianças, observou-se, também, a contribuição da metodologia adotada pela escola, em caráter experimental, destacando-se os aspectos relativos à socialização, à criatividade, à expressão escrita e oral e à capacidade crítica.

- *Interferência na superação dos preconceitos*

Existia por parte dos adultos uma resistência ao ato de aprender, motivada pelo preconceito que sofriam por diversos segmentos da sociedade, implicando uma postura de insegurança perante o ensino-aprendizagem e um sentimento de inferioridade em relação à escola.

A discriminação sofrida pelo analfabeto adulto foi detectada durante o processo de alfabetização, pela ideia pré-concebida de

---

13 Uma médica, cujo trabalho foi voluntário, realizou exames clínicos com as crianças. Nesses exames foi detectado um índice de 100% de crianças com escabiose (ibidem).

"não ter condições para aprender" e o reforço dessa atitude, por expressões recebidas anteriormente em escolas, por membros da comunidade, de "burro" e "mobral". (ibidem, p.51)

Esse quadro de acomodação e insegurança foi, durante o processo educativo, sendo alterado de forma significativa.

A princípio tímidas, sentindo-se inferiores e incompetentes as mães foram pouco a pouco desinibindo-se, reconquistando a auto-confiança, à medida que perceberam-se capazes de descobrir, criar elementos novos, utilizando-se dos conhecimentos adquiridos. (p.44)

A superação da "insegurança" perante os estudos pelos adultos interferiu, também, na postura das crianças na escola, na medida em que apresentaram "interesse em aprender", assim como enfrentaram as suas dificuldades no processo ensino-aprendizagem. Finalmente, o estudo possibilitou a constatação da necessidade de um trabalho com educação de adultos, na perspectiva freireana, e de compreender o processo educacional relacionado aos aspectos sociais, econômicos e políticos, sem dicotomia entre a família e a escola e os adultos e as crianças. É importante que se compreenda que "analfabetismo adulto e alfabetização de crianças são apenas as duas faces de um mesmo problema" (Campello apud Oliveira & Santos, 1992, p.6).

A ação integrada entre a família e a escola foi fundamental para a formação escolar das crianças e dos próprios adultos, que, no caso dessa pesquisa, foram os excluídos da escola, os marginalizados pela sociedade por não possuírem escolarização, possibilitando, também, que a própria comunidade discutisse e buscasse soluções para os seus problemas pessoais, socioeconômicos, familiares e em relação à educação de seus filhos/as.

A própria escola passou a ter um vínculo maior com as famílias, participando e contribuindo para a discussão dessas problemáticas surgidas no processo de pesquisa. As crianças, por sua vez, também foram ouvidas e as suas respostas serviram para análise dos dados fornecidos pelos pais, assim como possibilitaram

Ivanilde Apoluceno de Oliveira

uma avaliação pedagógica da prática dos docentes da escola. O Curso de Pedagogia da Unespa, atual Universidade da Amazônia, também recebeu contribuições quanto à experiência da metodologia e da prática pedagógica com os adultos desenvolvidas na pesquisa por suas pesquisadoras e estagiárias/os.

# 3
# Histórias pedagógicas para reflexão

## A história de Antônio, um menino de rua

Era uma vez um menino que tinha dez anos. Era moreno, de olhos e cabelos pretos e fazia parte do grupo que denominamos "meninos de rua". Ele tinha um sonho: "estudar".

Foi com esse sonho, maravilhado com a escola e o seu prédio suntuoso que ocupava um quarteirão, que o menino entrou correndo na sala de aula, perseguido pelo inspetor da escola e disse para a professora: – Tia, eu quero estudar.

A professora, diante daquela situação, deixou o menino ficar na sala e pediu para que sentasse numa cadeira. Deu-lhe papel e lápis e disse:

– Escreva o seu nome.

Ao iniciar a escrita, colocando um A aqui, o N e o T acolá é que a professora descobriu que seu nome era Antônio.

A professora então falou:

– Antônio, desenhe uma flor.

Antônio respondeu:

– *Flor eu não sei desenhar.*

A professora disse:
– Desenhe o que você quiser.

E Antônio desenhou um revólver com a bala saindo do cano, o gatilho e todos os elementos característicos de uma arma de fogo; uma faca peixeira, incluindo no cabo as rodinhas do metal; um ônibus com os faróis acessos; um homem, que disse ser o patrão de seu pai e um casebre com a torneira do lado de fora da casa, pingando água.

A professora, que pensara não ter Antônio capacidade para alfabetizar-se, já que ele não sabia desenhar uma flor, aprendeu com o menino que é preciso compreender a aquisição da escrita a partir do significado das coisas adquirido no cotidiano social das pessoas.

Aprendeu, ainda, que é necessário relativizar o conhecimento e valorizar, no processo educacional, não só o saber erudito, como também o saber experienciado, para que se efetive, de fato, uma relação de comunicação e de aprendizagem.

Assim, a experiência vivenciada com Antônio ficou na memória da professora, bem como a lição de vida, "flor eu não sei desenhar".

## Inês, uma amiga especial

Como Antônio, um menino de rua, Inês também tinha um sonho, o de estudar, mas ambos foram impedidos de continuar seus estudos, tiveram que deixar a escola.

Antônio, menino de rua, por ser de classe pobre e apresentar problemas de aprendizagem escolar e Inês por fazer parte de um universo denominado por alguns de "especial".

Os gerenciadores da escola só perceberam que Antônio não sabia escrever o seu nome e não sabia desenhar uma flor. Eles não compreenderam que Antônio expressava suas experiências de vida ao desenhar um revólver, um ônibus e o casebre onde morava. Eles só perceberam que Inês tinha dificuldades de se expressar e de decodificar a linguagem escrita e da matemática, mas não compreenderam toda a sensibilidade da Inês para a dança e para a música, a sua sensibilidade afetiva para o diálogo, a sua religiosidade e a busca em construir a sua identidade. Assim, por suas dificuldades, foram consideradas *personas non gratas* e excluídos da escola.

Antônio, por não ter uma família estruturada, continua perambulando pelas ruas de uma grande cidade e de vez em quando entra na escola, como fugitivo, perseguido pelos vigilantes, para dizer: "Tia, eu quero estudar". Mas seu destino é incerto. Está lutando para sobreviver à fome e à miséria. Estudar continua sendo um sonho.

Inês, ao contrário de Antônio, tem na família um forte aliado na luta contra sua discriminação, e com essa ajuda está perseguindo o sonho de voltar a estudar, buscando uma escola que a respeite como é, que a veja como uma pessoa que se situa no mundo, com muita sensibilidade à dor, receptiva às alegrias e a cada dia deslumbrando-se com novas descobertas.

Espero que a esperança expressa no olhar de Inês sensibilize a escola para abrir suas janelas ao universo cotidiano de crianças e jovens como Antônio e Inês, considerando nas atividades escolares as suas leituras de mundo. Que seja capaz de olhar para seu interior e ver-se como espaço institucional excludente, mas que sobretudo possa mudar. E, com isso, outros Antônios e outras Inês vivam de forma digna (e não excluídos) na escola e na sociedade.

## A descoberta de Marcos

Não conheci o Marcos, por isso não posso descrevê-lo, a sua fala foi relatada em um estudo por Abrantes (1997), mas passo a recontá-la com a minha leitura de educação.

Marcos tinha nove anos e, pela terceira vez, havia sido reprovado na escola, ele não compreendia por que não conseguia passar de ano, já que gostava de estudar e no trabalho era esperto, fazia tudo benfeito. O sentimento que ele tinha era de incapacidade e de humilhação, pois via a professora presentear e abraçar os amigos que foram aprovados, enquanto ele e os demais ficavam no final da sala. Era chamado de "burro", conforme suas palavras, "xingado" pela professora, a qual, também, "batia com régua" em sua mão, porque não aprendia.

Um dia a professora disse a Marcos que ele não ia aprender, que ele tinha de procurar a Associação de Pais e Amigos do Excepcional (Apae). E sua mãe o matriculou na Apae. Assim, Marcos foi "expulso" da escola, por ser considerado incapaz de aprender. E essa dificuldade de aprendizagem identificada pela professora na escola foi diagnosticada como "deficiência mental".

Marcos, que sofria discriminação na escola por sua "incapacidade de aprender", vai conviver agora com outro tipo de discriminação, o de ser chamado de "louco da Apae". Essa representação de louco atribuída a Marcos por frequentar a Apae, entretanto, é negada por ele, resistindo por meio do afastamento do grupo de amigos.

Mas ele não se afasta da Apae, primeiro pelo seu acolhimento na instituição, que foi diferente da escola pública, um ambiente que Marcos definia como "muito gostoso", a professora "sempre calma", que "vai ao aluno, ensina, ensina até você pegar o ritmo". Em segundo, pela descoberta de Marcos de que ele é capaz, porque aprendeu e conseguiu ser aprovado e de que a Apae não é um espaço de loucos, que ele não é louco nem os demais alunos também são. Para Marcos a Apae é uma instituição educativa que precisa ser olhada por dentro, para a sua prática educativa, já que, de fora e pelos de fora, não é vista como tal.

Marcos nos chama a atenção para o fato de que a escola continua "expulsando" crianças e jovens, por serem considerados "incapazes de aprender", como se as dificuldades de aprendizagem fossem causadas por problemas de ordem física e psicológica do aluno, e que a prática pedagógica instituída na escola não tivesse nada a ver com isso. Evidencia que os professores na escola não estão sabendo identificar quando os alunos têm problemas de aprendizagem por fatores intra ou extraescolares ou quando apresentam uma "limitação" física ou mental e, ainda, que não há nenhuma preocupação por parte da escola em solucionar o problema.

A história de Marcos, sobretudo, nos mostra que a discriminação e a exclusão são uma realidade escolar que precisa ser mudada com novas práticas pedagógicas e mudanças estruturais na escola.

Por que Marcos aprendeu na Apae e não na escola? Essa é a questão que deixo como desafio para todos nós educadores respondermos.

## Alunos/as "diamante", "ouro", "prata" e "latão"

Um dia, Ciça, que trabalha com educação especial, foi a uma escola para observar o trabalho que a professora desenvolvia, para incluir em sua classe uma criança com síndrome de Down. Chegando à escola, recebeu da diretora as melhores informações sobre a professora: era formada e com um alto conceito perante a direção da escola, que a considerava "competente".

E, com a expectativa de encontrar um espaço adequado para receber sua criança com Down, Ciça foi observar as aulas da professora. Para sua surpresa, descobriu que ela organizava a classe em quatro filas, em uma sala que só cabiam quatro: as de diamante, ouro, prata e latão.

Cada fila representava um grupo de alunos/as: os/as "diamante", aqueles/as que estão incluídos/as no padrão da escola como competentes, os/as que são chamados/as de "nota dez"; os/as "ouro" e "prata", aqueles/as alunos/as considerados/as medianos/nas, que conseguem acompanhar com certa dificuldade as exigências escolares, e os/as "latão", os/as considerados/as "incapazes de aprender", e que, portanto, não se ajustam ao modelo cognitivista instituído na escola.

Os/as alunos/as diamante, por sua competência, eram valorizados pela professora e tinham o privilégio de não frequentar as aulas às sextas-feiras. Esse era o prêmio por serem "bons discentes" e com isso ela ficava com mais tempo para trabalhar com os/as alunos/as latão.

Os/as alunos/as latão, em número de cinco, eram referidos pela professora com a seguinte expressão: "Vocês não servem para nada, só servem mesmo para pôr o lixo". Assim, além de incapazes de aprender, eram considerados também inúteis e improdutivos para a sociedade. Não chegariam a ser "doutores", seu destino era ser no mínimo "lixeiros".

E Ciça ficou pensando: como incluir uma criança Down nessa classe? Como seria chamada a fila dessa criança? Latão era pouco, com certeza seria o lixo. "Chegou o lixo na sala de aula."

A escola constituída para os competentes, hierárquica e meritocrática, no seu cotidiano reproduz representações e valores excludentes que interferem negativamente na vida das crianças. Os/as alunos/as diamante, assim como a professora, passam a olhar para si como superiores e para os/as alunos/as latão como inferiores. A superioridade *versus* a inferioridade implementada como prática na escola é introjetada pelos discentes como algo "natural". E esse aprendizado escolar passa a ser vivido por eles também na sociedade.

Qual é o destino dos/as alunos/as latão? Os/as alunos/as diamante têm a sua sobrevivência garantida na sociedade competitiva. E os/as latão? Estes/s estão predestinados/as a marginalizar-se, a viver no submundo social ou a desaparecer.

## A "Canção para o menino burro"

Um dia uma professora de uma turma de Jardim I, com crianças entre três e quatro anos de idade, de uma escola particular, de um bairro periférico de uma grande cidade, resolveu inovar as suas aulas e começou a ensinar cantando. Ela criava a letra e a música conforme o tema de sua aula, e assim estimulava as crianças a aprenderem os conteúdos escolares.

Com essa nova estratégia de ensino foi que a professora criou uma canção para estimular um de seus alunos a aprender.

Ela criou a "Canção para o menino burro":

Não sabe, não sabe, vai ter que aprender.
Orelha de burro, cabeça de ET.
Parece fácil, mas é difícil.
Um dia desses você vai ter que aprender.
Burro, burro, burro, burro...

As crianças aprenderam a canção e a cantavam em classe com a professora, no recreio e toda vez que viam o menino, seja na rua ou na escola.

Dizia a professora para as crianças que com a humilhação o menino teria vergonha e passaria a estudar.

Entretanto, quanto mais as crianças cantavam a "Canção para o menino burro", mais o menino ficava triste e se afastava da professora e dos colegas de turma, até que um dia deixou de frequentar a escola.

Mas a professora não se preocupou com isso, pois tinha mais coisas a fazer do que se ocupar com um menino que nem envergonhado aprendia. Ela, que não tinha formação de magistério, precisava criar novas canções para ensinar às crianças "inteligentes" e interessadas em aprender.

As crianças rotuladas de "burras" e classificadas no grupo "latão" continuam sendo discriminadas na escola, por meio de práticas pedagógicas que legitimam o discurso excludente de que o fracasso escolar é um fato psicológico, ou seja, culpa exclusivamente do/a aluno/a, por problemas individuais, por sua incapacidade em aprender e seu desinteresse pelos estudos, entre outros. Se essas crianças não conseguem aprender o que as outras crianças aprendem com facilidade na escola é porque a dificuldade está nelas.

Pensando dessa forma foi que a professora, pretendendo educar, deseducou; pretendendo com a sua canção estimular o menino a aprender, terminou por expulsá-lo da escola.

## José, um aluno trabalhador

José é um jovem de treze anos, que trabalha na feira, fazendo carreto para ajudar a mãe. Além de trabalhar na feira, ele frequenta uma escola municipal. Ele está na segunda série do ensino fundamental.

Ele é um jovem muito esperto, gosta de desenhar e ainda ajuda os colegas nas atividades de desenho. Entretanto, apesar de ter sido promovido para a terceira série, ele continua tendo um grande desejo, o de aprender a ler.

A professora outro dia disse-lhe:

– Você tem uma letra muito bonita, José, só falta aprender a ler. Você tem de conhecer as 23 letras direito para aprender a ler.

E José se perguntou: "Por que ninguém me ensina a ler? É tão chato não saber ler! Por que eu não aprendo a ler? Por que eu não sei ler nem escrever as 23 letras direito?"

Lembrou-se como ficou feliz quando conseguiu ler a palavra POPSOM. Palavra que tem um significado para ele, que gosta de ouvir música *pop* e *reggae*. Mas as 23 letras ele não consegue ler direito.

Quando ele está na feira gosta muito de olhar os jornais velhos, aqueles em que os feirantes enrolam as frutas e verduras, na expectativa de ler as notícias locais. Mas ele não os consegue ler, porque não conhece as 23 letras direito.

Às vezes ele fica pensando: "O que eu poderia fazer se eu soubesse ler? Poderia mudar de profissão, deixar de ser carreteiro". Mas que outra profissão ele poderá ter se ele não sabe ler as 23 letras direito?

E, assim, José vai passando, de ano a ano, sem saber por que não sabe ler as 23 letras direito.

José não se evadiu da escola, porque está sendo promovido automaticamente, mas, ao não aprender a ler e escrever, instrumentalizando-se para a leitura do mundo, permanece entre os grupos de excluídos sociais.

# Considerações finais

As *Leituras freireanas sobre educação* refletem toda uma caminhada do que Paulo Freire nos ensina, a de uma *educadora--educanda*, que *ensinando-aprende* e que esse aprendizado não é neutro, mas ética e politicamente comprometido com todos aqueles e aquelas que sofrem discriminação e exclusão social. As reflexões sobre o pensamento educacional de Paulo Freire nos colocam diante da necessidade da *denúncia* da exclusão social e do *anúncio* de uma práxis educativa humanista e crítica. Prática educativa em que o ético e o político constitutivos do existir humano não poderiam deixar de ser as questões fundamentais.

As experiências de educação popular escolar à luz do pensamento educacional de Paulo Freire, tão necessárias para a consolidação de mudanças no campo socioeducacional, evidenciam a factibilidade de uma educação escolar crítica seja com crianças, seja com jovens seja com adultos.

E as histórias pedagógicas nos fazem refletir sobre as diferentes formas de exclusão escolar presentes em nossas escolas e sobre a necessidade de se lutar por uma educação democrática.

Estas *Leituras freireanas sobre educação*, portanto, demonstram a atualidade do pensamento educacional de Paulo Freire, na medida em que apresentam tanto a constatação de que a exclusão continua presente nas escolas como práticas efetivas pedagógicas que viabilizam a inclusão educacional.

Trabalharmos, então, para a construção de uma Pedagogia do Oprimido, da Indignação, da Esperança e dos Sonhos Possíveis continua sendo uma necessidade ética e política e uma tarefa de todos nós, educadores e educadoras.

# Referências bibliográficas

ABBAGNANO, N. *História da filosofia*. 2.ed. Lisboa: Presença, 1978. v.IX.

ABRANTES, A. *Aluno excluído do sistema público de ensino*: a identidade em construção. São Paulo, 1997. Dissertação (Mestrado) – Pontifícia Universidade Católica de São Paulo.

AMARAL, T. *Recuperando a história oficial de quem já foi aluno "especial"*. Caxambu: Anped, 1998.

BRANDÃO, C. R. *Educação popular*. São Paulo: Brasiliense, 1984a.

_____. *Saber e ensinar*: três estudos de educação popular. Campinas, Papirus, 1984b.

CASTORIADIS, C. *A instituição imaginária da sociedade*. 3.ed. Rio de Janeiro: Paz e Terra, 1982.

FIGUEIREDO, O. et al. *A política de inclusão do aluno pnee no Pará*: os primeiros resultados. Belém-Pará: SEDUC-DEES, 1998.

FREIRE, P. *Extensão ou comunicação?* 4.ed. Rio de Janeiro: Paz e Terra, 1980a.

_____. *Conscientização*. 4.ed. São Paulo: Moraes, 1980b.

_____. *Educação como prática da liberdade*. 11.ed. Rio de Janeiro: Paz e Terra, 1980c.

_____. *Educação e mudança*. Rio de Janeiro: Paz e Terra, 1981.

_____. *A importância do ato de ler*. São Paulo: Cortez, 1982a.

_____. *Ação cultural para a liberdade e outros escritos*. 6.ed. Rio de Janeiro: Paz e Terra, 1982b.

Ivanilde Apoluceno de Oliveira

FREIRE, P. *Pedagogia do oprimido*. 12.ed. Rio de Janeiro: Paz e Terra, 1983.

_____. *Pedagogia da esperança*: um reencontro com a pedagogia do oprimido. 2.ed. Rio de Janeiro: Paz e Terra, 1993a.

_____. *Professora sim, tia não*: cartas a quem ousa ensinar. 2.ed. São Paulo: Olho d'Água, 1993b.

_____. *Política e educação*. São Paulo: Cortez, 1993c.

_____. *Pedagogia da autonomia*: saberes necessários à prática educativa. 6.ed. São Paulo: Paz e Terra, 1997.

_____. *Pedagogia da indignação*: cartas pedagógicas e outros escritos. São Paulo: Unesp, 2000.

_____. *Pedagogia dos sonhos possíveis*. São Paulo: Unesp, 2001.

FREIRE, P., BETTO, Frei. *Essa escola chamada vida*. São Paulo: Ática, 1985.

FREIRE, P., FAUNDEZ, A. *Por uma pedagogia da pergunta*. Rio de Janeiro: Paz e Terra, 1985.

FREIRE, P., GUIMARÃES, S. *Sobre educação*. Rio de Janeiro: Paz e Terra, 1982. v.I.

_____. *Aprendendo com a própria história*. Rio de Janeiro: Paz e Terra, 1987. v.I.

FREIRE, P., MACEDO, D. Um diálogo com Paulo Freire. In: McLAREN, P., LEONARD, P., GADOTTI, M. (Org.) *Paulo Freire*: poder, desejo e memórias da libertação. Porto Alegre: Art Med, 1998.

FREIRE, P., NOGUEIRA, A. *Que fazer*: teoria e prática em educação popular. Petrópolis: Vozes, 1989.

FREIRE, P., SHOR, I. *Medo e ousadia*: o cotidiano do professor. Rio de Janeiro: Paz e Terra, 1986.

GADOTTI, M., FREIRE, P., GUIMARÃES, S. *Pedagogia*: diálogo e conflito. São Paulo: Cortez, Autores Associados, 1985.

GADOTTI, M. et al. *Paulo Freire*: uma biobibliografia. São Paulo: Cortez, Instituto Paulo Freire, Brasília, DF: Unesco, 1996.

JARA, O. El reto de teorizar sobre la práctica para transformarla. In: GADOTTI, M., TORRES, C. A. (Org.) *Educação popular*: utopia latino--americana. São Paulo: Cortez, Edusp, 1994.

JORGE, J. S. *Sem ódio nem violência*: a perspectiva da libertação segundo Paulo Freire. 2.ed. São Paulo: Loyola, 1981.

LEITE, L. Encontro com Paulo Freire. *Educação e Sociedade (São Paulo)*, Cortez, Autores Associados, n.3, 1979.

LÖWY, M. *Marxismo e teologia da libertação*. São Paulo: Cortez, Autores Associados, 1991.

MARTINS, J. *Exclusão social e a nova desigualdade*. São Paulo: Paulus, 1997.

MAZZOTTA, M. *Educação escolar comum ou especial?* São Paulo: Pioneira, 1987.

McLAREN, P. *Multiculturalismo crítico*. São Paulo: Cortez, 1997.

MEJIA, M. Borradores para reconstruir la carta de navegación. In: *Memória – IV Seminário internacional: universidade e educação popular*. João Pessoa: UFPb, 1994.

OLIVEIRA, I. A. de. *A prática docente de 3º grau na perspectiva da educação libertadora*: possibilidades e limites. Belém, 1987. (Monografia).

_____. *A interação entre os saberes na prática educativa popular*: estudo de uma experiência escolar. João Pessoa, 1994. Dissertação (Mestrado) – Universidade Federal da Paraíba.

OLIVEIRA, I. A. de, SANTOS, M. A educação de adultos e o desenvolvimento escolar da criança. In: *Unespa*: publicações de pesquisa. Belém: Supercores, 1992.

RODRIGUES, A. M. A riqueza cultural. *Revista Ver Nosso Pará (Belém)*, Agência Ver, n.4, set. 1997.

SALAZAR, R. O laudo psicológico e a classe especial. *Revista Psicologia, Ciência e Profissão (Brasília)*, CFP, 1998.

SAWAIA, B. (Org.) *As artimanhas da exclusão*: análise psicossocial e ética da desigualdade. Petrópolis: Vozes, 1999.

SECRETARIAS de Educação – Regiões Norte e Centro-Oeste. *Plano de Educação Básica para as Regiões Norte e Centro-Oeste, Educação: uma questão de decisão política*. Goiânia: Piloto, 1988.

SOUZA, J. F., CALADO, A. J. Educação popular para o terceiro milênio: desafios e perspectivas. In: COSTA, M. V. (Org.) *Educação popular hoje*. São Paulo: Loyola, 1998.

VYGOTSKY, L. *Fundamentos de defectología*. Cuba: Editorial Pueblo y Educación, 1989.

SOBRE O LIVRO

Formato: 14 x 21 cm
Mancha: 23 x 39 paicas
Tipologia: Gatineau 10/13
Papel: Off-set 75 g/m² (miolo)
Cartão Supremo 250 g/m² (capa)
1ª edição: 2003
1ª reimpressão: 2012

EQUIPE DE REALIZAÇÃO

Coordenação Geral
Sidnei Simonelli

Produção Gráfica
Anderson Nobara

Edição de Texto
Nelson Luís Barbosa (Assistente Editorial)
Ana Paula Castellani (Preparação de Original)
Carlos Vilarruel e
Luicy Caetano de Oliveira (Revisão)
Casa de Ideias (Atualização Ortográfica)

Editoração Eletrônica
Casa de Ideias (Diagramação)

Impressão e acabamento